竹原健二・人間開発シリーズⅣ

福祉利用者の開発と社会福祉

社会福祉研究者　竹原健二

本の泉社

【目次】

1. はじめに ……………………………………………… 4
2. 社会福祉の基本概念と福祉サービスの供給主体 …………… 9
   (1) はじめに／9
   (2) 社会福祉の基本概念／10
   (3) 福祉サービスの供給主体／21
3. 人間（福祉利用者）開発と社会福祉 ……………………… 27
   (1) はじめに／27
   (2) 人間（福祉利用者）の欲求及び要求と社会福祉の特徴／28
   (3) 人間（福祉利用者）開発及び発達の社会福祉学／34
   (4) センの福祉論／37
   (5) おわりに／40
4. 福祉利用者の生活水準 …………………………………… 45
   (1) はじめに／45
   (2) 効用・基本財・ケイパビリティ・アプローチの特徴と問題点／47
   (3) ケイパビリティ・アプローチに基づく社会福祉の課題／55
5. 社会科学的視点の生活問題 ……………………………… 62
   (1) はじめに／62
   (2) 生活問題の社会的生成と生活問題の統一的把握／64
6. 社会福祉の基本問題（基本的矛盾）と課題 ………………… 77
   (1) はじめに／77
   (2) 社会福祉の概念規定／80
   (3) 本源的規定における社会福祉の使用価値の支援（労働）行為／90
   (4) 歴史的規定における価値・剰余価値の社会福祉／93
   (5) 統一（総合）規定における社会福祉と課題／100

1. はじめに

　資本主義社会の生産関係の下に存在している社会福祉にもかかわらず、永山誠氏は、資本主義社会の生産様式との無関連で現在の社会福祉法自身を次のように批判的検討を行っている。第1点は、社会福祉の実施主体は地域住民となって、国が除外されている。「条文でいえば、社会福祉という言葉は、『地域における社会福祉』というように用いられ、しかもこれは『地域福祉』という用語と同一であると定義する。『地域における社会福祉』＝『地域福祉』である。そして『地域福祉』の推進主体としては、①地域住民、②社会福祉を目的とする事業を経営する者、③社会福祉に関する活動を行う者の三者を明記し、これに限定している。つまり、①〜③の地域住民等が『地域における社会福祉』の主体として認識される」（永山誠著『社会福祉理念の研究』ドメス出版、2006年、244頁）。しかし憲法第25条「国は、すべての生活部面について社会福祉、社会保障及び公衆衛生の向上及び増進に努めなければならない」の根拠からすれば、国が実施主体に入っていないのは従来の社会福祉の認識の到達点からも逸脱している。第2点は、「新たな社会福祉は、貧困・低所得に限定することなく、『国民全体』を対象とする」（永山、前掲書、245頁）としたが、介護福祉（介護保険）のように貧困者や低所得者を排除している。しかも社会福祉法では商品としての福祉サービスが対象なので、商品としての福祉サービスを購入できない貧困者や低所得者は排除される。第3点は、「社会福祉法は地域福祉の推進を目的として立法されたが、その際、地域福祉の推進を『国民の努力義務』としたことである。地域福祉は、本来、民間の自主的な活動を」（永山、前掲書、246頁）意味するが、法律によって『努力義務』にされ、半強制的な自主的活動を強要することになっている。

こうした社会福祉法（福祉政策）自身の批判的検討は重要であるが、しかしこうした社会福祉法（福祉政策）自身の批判的検討からは社会福祉の本質を踏まえた批判的検討はできない。社会福祉の本質を踏まえた批判的検討は、「法的（社会福祉政策〔社会福祉の基礎構造改革〕・社会福祉の法制度―挿入、筆者）諸関係……、それ自身で理解されるものでもなければ、またいわゆる人間精神（ボランティアの精神、自己責任の精神、愛の福祉精神、自立の精神等―挿入、筆者）の一般的発展から理解されるものでもなく、むしろ物質的な生活諸関係、そういう諸関係に根ざしている」（カール・マルクス〔武田隆夫・その他訳〕『経済学批判』岩波書店、1956年、12‐13頁）ので、その本質解明及び社会福祉の法制度（福祉政策）の批判的検討は資本主義社会の生産様式との関連で解明されなければならない。つまり「従来の福祉（社会福祉―挿入、筆者）国家論は常に資本主義的生産関係を前提にしていた。あるいは福祉（社会福祉―挿入、筆者）国家は、生産関係とは無関係な人間（福祉利用者―挿入、筆者）の権利に関する問題であるとされてきた」（聴濤弘著『マルクス主義と福祉国家』大月書店、2012年、148頁）。それ故、筆者は社会福祉を「人間（福祉利用者）の権利（しかし、「権利というのは、社会の経済的な形態およびそれによって条件づけられる社会の文化の発展よりも高度ではありえないのである」〔マルクス／エンゲルス・後藤洋訳『ゴータ綱領批判』新日本出版、2000年、30頁〕と言う言葉に注意する必要がある）に関する問題であること」を堅持し発展させていくと同時に、資本主義社会の生産様式との連関で考察していくことが科学＝弁証法的唯物論及び史的唯物論（社会福祉観察や社会福祉実践・社会福祉労働によって実証していく法則的・体系的知識）方法であると考えるし、しかも論理必然的にアソシエーション（アソシエーションとは、社会福祉労働手段の共同占有の下で、個々の協同組合、さらには、個々の社会福祉労働者の徹底した自治＝当事者主権〔福祉利用者や社会福祉労働者〕による社会福祉労働者の個人的所有〔所得〕を再建する協同組

合の連合社会のことである）社会における社会福祉も展望している。そして従来の社会福祉論は、科学方法論（弁証法的唯物論及び史的唯物論）が欠けている為、社会福祉の本質を看過した現象論（社会福祉基礎構造改革後の社会福祉に順応した社会福祉概論、社会福祉の変容の解釈論及び社会福祉のモデル論、実用的な社会福祉実践論、歴史的かつ社会福祉問題性を看過した単なる実証主義的な社会福祉論、外国の社会福祉の啓蒙論、権威者の単なる継承の発展のない社会福祉論の教条主義的な啓蒙論等）が多い。しかも従来の社会福祉研究は財貨（生活手段）の側に視点を置いていた。「財貨（生活手段—挿入、筆者）の支配は福祉という目的のための『手段』であって、それ自体として目的にはなり難い。」（アマルティ・セン〔鈴村興太郎訳〕『福祉の経済学』岩波書店、1997年、44頁）つまり「従来の福祉観がどちらかというと財貨（生活手段—挿入、筆者）の側に視点を置いて平等な福祉観を論じてきたのに対して、視点を180度転換して、人間（福祉利用者—挿入、筆者）の側に移したのです。生存に必要なさまざまなモノ（社会福祉労働によるサービスそのモノあるいは社会福祉の法制度そのモノの生活手段—挿入、筆者）は、人間（福祉利用者—挿入、筆者）にあたって不可欠なものであるが、そのモノ（社会福祉労働〔福祉施設の建物モノや福祉施設内で提供される食事等の社会福祉労働手段も含む〕によるサービスそのモノあるいは社会福祉の法制度そのモノの生活手段—挿入、筆者）の価値はそれを活用する人間（福祉利用者—挿入、筆者）の潜在能力によって可変的である。したがって、人間（福祉利用者—挿入、筆者）生活の福祉を考える場合にはモノ（社会福祉労働によるサービスそのモノあるいは社会福祉の法制度そのモノの生活手段—挿入、筆者）それ自体ではなく、それを使用して生きる人間（福祉利用者—挿入、筆者）の潜在能力に視点を移して、その発展を考えなければならない、」（二宮厚美著『発達保障と教育・福祉労働』全国障害者問題研究会出版部、2005年、87頁）と明言する事ができるが、しかし筆者は人間（福祉利用者）が生きていく為には衣食住（モノ）が

絶対的に必要なので、社会福祉労働によるサービスそのモノあるいは社会福祉の法制度そのモノの生活手段と生活手段そのモノを使用して生きる人間（福祉利用者）が生きている限り続けなければならない生活活動（機能）の基盤である人間らしい健康で文化的な潜在能力（抽象的人間生活力＝人間が生活する際に支出する脳髄・神経・筋肉等を意味する・抽象的人間労働力＝人間が労働する際に支出する脳髄・神経・筋肉等を意味する）の維持・再生産・発達・発揮を統一的に捉えていく事が重要であると考える。また、野上裕生氏が指摘されているように、「ひと（福祉利用者—挿入、筆者）が生きていることを実感できるのは、（生活手段の使用価値を活用して—挿入、筆者）日常の生活や社会活動を十分に行っている時の方が多い。そうすると、福祉を見るときには所得（生活手段—挿入、筆者）や余暇（生活手段—挿入、引用者）だけではなく、実際の人（福祉利用者—挿入、筆者）の生活活動（機能）の状況を詳しく見た方がよい。しかし、日本語の『福祉』や『幸福』といった言葉はひと（福祉利用者—挿入、筆者）の具体的な活動から離れた抽象的なものになりがちである。」（傍点、筆者〔野上裕生「アマルティア・センへの招待」絵所秀樹紀・山崎孝治編『アマルティア・センの世界』晃洋書房、2004年、2頁〕）つまり、「ひと（福祉利用者—挿入、筆者）は財や所得（資源）を使って生活上の必要を充たし、健康を維持し、その結果、歓びや失望を経験する。だからひと（福祉利用者—挿入、筆者）の生活の良さを評価するには（福祉利用者が社会福祉問題から克服していく状況を評価するには—挿入、筆者）、このような人（福祉利用者—挿入、筆者）の生活過程全般をきめ細かく見なければならない。」（野上、前掲書、2頁）

　さらに述べておきたい事は、論争を促進していくのは学会や福祉研究所等の役割であると思われるが、社会福祉の世界で「世を動かすほどの論争がまったくなくなってしまった。それぞれが自分の持ち場で紳士的にものをいい、『他流試合』をしなくなってしまった。これは一種の『知

的頽廃』現象である。論争がなければ世の中は変わらない。……いま誰か一人が『正解』を持っているほど単純な世界ではない。意見はいろいろある。……意見を交換し論争も行い進歩に向けて大きな輪をつくっていくことが求められている。」(聴濤、前掲書、194－195頁) と言う言葉には感銘した。筆者のこの著書が論争の契機になれば望外の喜びである。

2. 社会福祉の基本概念と福祉サービスの供給主体

(1) はじめに

　ここでは、社会福祉の基本概念と法制度の概要を解説し、社会福祉を容易に理解できるようにガイダンスを与えたい。ところで、福祉利用者が人間らしい健康で文化的な生活の維持・再生産・発達・発揮を成就していく上で、福祉利用者に対する具体的提供における公的責任の保健及び医療・福祉・教育・所得・住宅等の生活手段＝means of living（保健及び医療・福祉・教育等の人間労働の生活手段は、一般的な生活手段とは違って、福祉利用者の享受能力を引き出してくれる特殊な生活手段である）は、社会的及び共同的資源として重要である。そして、我が国の日本国憲法は、基本的人権の享有、幸福追求権と伴に生存権的平等保障を規定し、併せてそれに対する国の責務を規定している。さらに、地方自治法では、地方自治体の責務として福祉利用者も含めた住民の安全、健康、福祉を保持する事を規定している。

　こうした規定からすれば、公的責任による福祉利用者の社会福祉の責務が問われなければならない。ところが、1980年代に入ると生産様式（mode of production of capitalistic society）＝（土台）の上部構造に位置する新自由主義思想の影響を受けた日本を初めとした先進資本主義の多くの国で、社会福祉も例外なく改悪が行われ、応益負担の強化と市場福祉が促進された。こうした状況下で、『福祉が人を殺す時』と言う衝撃的な本が示すように、人間らしい健康で文化的な生活保障の社会福祉の阻害が進行している。筆者自身の独創的な本書の社会福祉は国連機関の人間開発の原理に基づきかつ現在の福祉利用者の社会福祉を根本

的かつ理論的に批判したものであり、しかも論理必然的にアソシエーション社会における社会福祉を展望したものである。

(2) 社会福祉の基本概念

①福祉利用者の生活問題とその人の像

　生活問題は、「人間らしい生存の維持や生活の維持・再生産に障害や困難が生まれている状態。はじめは労働問題が生活面で反映し現れるものであったため、貧困・低所得の階級・階層の労働＝生活問題として認識されていた。……生活問題の社会的背景やファクターが多岐に及ぶようになり、マイノリティの生活問題からマジョリティの生活問題に変貌してきている。この変貌は社会の諸矛盾が深まり広がったことによっている。……大事なことは生活問題を社会問題として把握することであり、このことによって社会的・公的責任としての社会福祉、権利としての社会福祉が裏付けられる[1]。」こうした生活問題を踏まえて次に重要なのは、河野正輝氏が指摘されているように、例えば障害のある人をどのように捉えるかである。と言うのは、「障害のある人を生活の自立主体性に著しく欠ける、又はこれを失った人々と見なせば、社会福祉の一方的な対象として捉えられ易い。一方、障害のある人が歩行・食事・排泄・入浴等の日常生活能力の不足・欠如故に人間らしい健康で文化的な生活の維持・再生産・発達・発揮が阻害されている人々と見なせば、生活問題及び障害のハンディキャップに応じて相談・指導・介護・リハビリテーション等の個別的な障害のある人の社会福祉を受ける一定の権利を受ける必要があるのみならず、それと同時に自己決定、プライバシーの保障も必要である[2]。」それ故に障害のある人を社会福祉の権利主体者として捉える事が重要である。

②生存権

　第二次大戦後に制定された生存権（憲法第25条）は、人類の長い歴

史において遺棄されたり、慈善の対象として扱われたりした福祉利用者にとって、人権保護の基盤として意義を持つものである。しかし、生存権のプログラム規定説 = program regulation theory of right to live（生存権のプログラム規定説は、生存権を具体的権利とする為の法律上の保証規定が存在しない事等を根拠に、憲法第25条は個々の国民が直接に国家に対して具体的・現実に権利としての生存権を有する旨を定めたものではなく、従って国の生存権保障義務も単に政治的及び道徳的義務に留まるものとする）が最高裁判所の支配的考え方の現状において、多様な制限を受けている。「たとえば、生活保護法の前提理念として存在する生活の自助原則 = self-help principle of life（に規定されて、その給付水準は一定程度制限されるし、親族扶養優先の原則をはじめとする保護の補足性の原理も権利としての生活保護受給者の可能性を現実的にさまざまに制約しているのである。また、現行の年金制度も勤労収入のない重度障害者の生存権を保障するシステムにはなりえていない[3]」と言う制限を受けている。こうした現況下においては、憲法上の抽象的理念を具体化した法律を制定していく必要がある。

③自立（自律=independence）

　福祉利用者が社会福祉を主体的に利用し、自らの人間らしい健康で文化的な生活の維持・再生産・発達・発揮を成就していく事が重要である。従来の自立論を見ると、独力的自律論 = autonomy theory for oneself（この自律論は、他者及び社会福祉等の依存からの脱皮を自立と考える）、独力的自己管理 = self-management for oneself（この自立論は、他者及び社会福祉等の支援が問題ではなく、生活における自己決定、即ち他者から拘束されず、独力で自らの生活の在り方を考え決定する事を尊重し重視するものである）である。筆者の自立論は、共同＝集団の中で、他者及び社会福祉（客体的側面 = object aspect）等を前提条件として、福祉利用者（主体的側面 = independent aspect）が主体的に客体的側面に働きかけ、自立に必要な社会福祉等を選択し決定する事によって、自

らの生活を計画し管理する事であると定義する。

④**機会平等**（equality of opportunity）

　障害のある人の基本法第3条第2項の基本理念では、「すべて障害者は、社会を構成する一員として社会、経済、文化その他あらゆる分野の活動に参加する機会を与えられるものとする[4]」と規定され、機会平等の規定が見られる。しかし、関川芳孝氏が指摘されているように、我が国における機会平等の法理は、形式平等論である。つまり、「憲法第14条『法の下の平等』の趣旨は、あくまでも国家による『法的取り扱いの不均等の禁止』にあり、したがって『形式的不平等』を求めるものと理解されてきた[5]。」それ故、「障害者をとりまく生活環境の現実からもうかがい知ることができるように、形骸化し実質的な意味をなさないようにみえる。たとえば、言語障害者が支持する候補者の選挙応援として言葉の代わりにビラを配布し公選法の法定外文書配布違反に問われた玉野訴訟判決等はその典型といえる。この事件では、この法律の適用が憲法第14条違反であるかどうかが争点の一つとなったが、高等裁判所は次のように判示している。弁護人は、当審弁論において、公選法の右各規定を言語障害者に適応することは、憲法第14条1項の法的取り扱いの不均等の禁止を意味するにとどまり、現実に社会に存在する経済的、社会的その他種々な事実上の不均等を理由に公選法の右各規定を言語障害者に適応することが憲法第14条1項に違反するということはできない[6]。」こうした我が国の形式的な機会不平等の取り扱いの現況下で、機会平等の法理を実際上存在する社会的及び経済的不平等をも是正するものとして捉えたアメリカの「障害に基づく差別の明確かつ包括的な禁止を確立するための法」は参考になる。その法律では、①従業員15名以上の事業所における雇用上の差別の禁止、②連邦政府及び州政府、その他の自治体による公共サービス及び公共交通機関の利用にかかわる差別の禁止、③ホテル及びレストラン、銀行等の不特定多数の者が利用する民間の公共的な施設の利用にかかわる差別の禁止、④聴覚障害のある人や言語障

害のある人によるテレコミュニケーション通信の取り次ぎをめぐる差別の禁止と言う4つの領域について、差別の禁止を規定している[7]。

⑤**ノーマライゼーション（normalization）**

　ノーマライゼーションの父と呼ばれたバンク-ミケルセンは、「ノーマライゼーションの原理それ自体は障害者、ここでは知的障害者が他の市民と同じ権利と義務をもつべきだという考え方以上のことを表しているわけではない。……ノーマライゼーションは知的障害者をいわゆるノーマルな人にすることを目的にすることを目的にしているのではない。……知的障害者はいわゆるノーマルではないいくつかの側面をもつグループとして定義される、ということを認めなければならない。目標とされているのは、正常性ではなくノーマライゼーションなのである。ノーマライゼーションとは知的障害者をその障害と共に（障害があっても）受容することであり、彼らにノーマルな生活条件を提供することである。すなわち最大限に発達できるようにするという目的のために、障害者個人のニードに合わせて支援・教育・トレーニングを含めて、他の市民に与えられているのと同じ条件を彼らに提供することを意味している[8]」。そして、「ノーマライゼーションは平等という観点によって効果のあるものとなる。ノーマライゼーションはすべての人々のための、すべての市民的、人間的権利をめざす戦いのひとつなのである。……それはすべての人間を完全かつ十分に、その人の身分や出生後の変化に変わりなく、平等な市民として受け入れることである[9]。」「このように、ノーマライゼーションという言葉は、『社会におけるある尺度を一般化させ当たり前にしていく』という考え方（理念的側面＝idea aspect）と、求める状態像（方法論的側面＝methodological aspect）という二つの側面を統合したものと理解できる。理念的側面とは『障害者や高齢者などの生活上の不利を負いやすい人たちを当然に包含するのが通常の社会であるということ』を示し、方法論的側面とは『そのような人たちを隔離的な処遇をするのではなく、家族や地域社会のなかで日常的な生活が

可能となる施策を講ずるということ』を示している[10]。」

⑥リハビリテーション（rehabilitation）

　リハビリテーションは、「『機能回復訓練＝ function recovery training』だけではなく、『人間らしく生きる権利の回復＝ recovery of Right to live humanly』（全人間的復権＝ target restoration between well-rounded person）が本来の意味である。機能回復訓練は、この大目的を達成するための手段の一部を目指すものでしかなく、それも決して本質的な部分ではない[11]。」つまり、「リハビリテーションをたんに疾病者、高齢者、障害者の『機能回復』『訓練』に限定しないで、『全人的復権＝ well-rounded person restoration』として使われるようになってきている。人は、生まれながら人間たるにふさわしい尊厳や権利などをもっているが、社会の偏見や政策の誤りなどのさまざまな理由によって、尊厳や権利が奪われた人に対して、全人間的な立場に立って本来あるべき姿に回復するのが当たり前であるととらえられるようになってきたのである[12]。」

⑦エンパワメント（empowerment）

　エンパワメントは、「社会や組織において自らを統制する力を奪われた人々がその力を取り戻すプロセスや成果を含意し、心理的、政治的、経済的、社会的な諸側面および個人、家族、組織、地域、国家の諸レベルに連動的に関与し、各レベルへの相乗効果を持つことが特徴的であるとされる[13]。」そして、「障害者が地域社会で生きていくための自立を支援していく障害者福祉の視点から見ると、『エンパワメントとは、問題を抱えた人自身が自己決定と問題解決能力をつけていくという考え方』と受けとめることができる。どんな重い障害を抱えていようとも、自らの主体性を取り戻していくプロセスがエンパアメントであり、その結果が自立生活という姿となって結実していくというものである。つまり、エンパアメントしていくことは、『障害者のハンディキャップやマイナス面に着目して援助するのではなく、長所・力・強さに着目して援

助することで障害者が自分の能力や長所に気づき、障害者自身に自信が持てるようになって主体的に生きようとすることを目指す』ものである[14]。」

⑧インクルージョン (inclusion)

インクルージョンは、「障害児を含むすべての子どもをまずもって通常学校システムに包摂して、そこを出発点にして必要な特別な教育的対応をとることをめざす思想と実践とされている[15]。」そして、「インクルージョンでは、『本来的にすべての子どもは特別な教育的ニーズを有するのであるから、さまざまな状態の子どもたちが学習集団に存在していることを前提としながら、学習計画や教育体制を最初から組み立て直そう』とされており、地域の通常学級や学校に通うためには、個別に計画されたカリキュラムの作成が強調されている[16]。」「そのために、すべての子どもを排除しない、個別のニーズに応える学校・地域社会をつくっていくインクルージョンの理念を掲げ、教育にかかわる者全員が協力して障害のある子どもに対する新しい教育の姿をひとつひとつ築き上げていくことが必要である[17]。」

⑨機能 (functioning)

「ひとの福祉について理解するには、われわれは明らかにひとの『機能』にまで、すなわち彼／彼女の所有する財とその特性を用いてひとはなにをなしうるかにまで考察を及ぼさねばならないのである。……機能とは、ひとが成就しうること—彼／彼女が行いうること、なりうること—である[18]。」つまり、「アマルティア・センは『福祉』」を考える時には、社会状態の制約の中でひとが財貨などを使って実現できる活動やあり方に焦点を当てていくことを強調する。このように、アマルティア・センの言葉では『ひとがなしえること、あるいはなりうるもの』のことを、センはファンクショニング（機能）という言葉で表現する[19]。」

⑩潜在能力 (capability)

アマルティア・センは自転車を例にして、潜在能力を次のように述べ

ている。「自転車は運搬という特性を持っているが、これを使うひとは、移動できるという能力を持つことができる。この時に、もし本人が移動ということに歓びを感じれば、そこに効用が生まれる。このように考えると、財から特性、ファンクショニングを実現するための能力を通じて効用へと至る一連の連関が生まれる。生活水準（living standards）で一番よいのは、この能力の部分であろう、とセンは考える[20]。」つまり、「ケイパビリティはひとがどのようなファンクショニングを実現できるか、その選択肢の広がりを示すことによって実質的な自由を表現しようとする概念である。それは資源や財、機会を福祉に変換する能力である[21]。」

⑪**コミットメント（commitment）**

コミットメントは、「自分の福祉が下がることを知った上で、あえて自分が価値を認める行動を選択することをコミットメントと呼ぶ[22]。」例えば、あるケースワーカーが今日の生活保護の抑制行政の問題点を知り、自分の昇格に不利になる事を知った上で、生活困窮者の人間らしい健康で文化的な生活保障の為に上司に抗議する事である。「またセンのコミットメントは共感」とも違う。他人が虐待を受けている事実を知って心を痛めることは共感である。心は痛まないが虐待は間違っていると考えて、それを是正するような何らかの行動をとることはコミットメントである[23]。」

⑫**行為主体性（agency）**

「ひとが責任ある個人として自由で主体的に活動できる存在であることをアマルティア・センは『エージェンシー』」という言葉で表現している[24]。」そして、「エージェンシーとしての人間が求める目的には、その人自身の福祉も含まれる。したがって、アマルティア・センものべているように『エージェンシーというひとの側面は、福祉の側面よりは、もっと広い範囲のひとのあり方をみたものであって、その中には様々なことが達成されることに価値を見出すこと、またそれらを自分の目的にして

実現させていくことへの能力も含んでいる』ということになる[25]。」

⑬弁証法的唯物論（dialectical materialism）

弁証法的唯物論の主要な特徴は次のような点にある。「①唯物論的（唯物論の主要な特徴は、物質が精神から独立して客観的に存在していること、精神は客観的実在から生じること、人間の精神は、客観的実在の反映である事等）であると同時に弁証法的（弁証法は、世界のすべての事物はたがいに関連しあいながら、たえず運動し、変化し、発展しているとみる見方であること、世界を変革するという実践の立場に立ち、かつ真理の基準として実践の意義を明らかにしたこと等）である[26]。」

⑭生産様式（a mode of production）

財貨の生産は人間が生存する為の一般的な永久の条件で在り、何を使用してどう言う方法で社会的生産を行うかを生産様式と言う。そして生産様式は生産力と生産関係との統一である。生産における人間と人間との関係が生産関係であるが、生産関係の性格はだれが生産手段＝means of production（労働手段＝means of labor と労働対象＝labor object）を所有しているかによって決まる。

価値の実体は抽象的人間労働＝abstract man labor（人間が労働の際に支出する脳髄・筋肉・神経等を意味する）が結晶したものである。例えば、生産するのに同じ社会的に必要な労働時間によって生産された生産物は同じ量の抽象的人間労働を含んだ物として交換される。

⑯使用価値（value in use）

現代資本主義社会における福祉利用者の社会福祉の現象は、社会福祉労働（社会福祉労働手段も含む）以外のボランティア活動や非営利活動が拡大しているとは言え、支配的には多様な社会福祉労働の分野に分かれ、多様な社会福祉労働を媒介として行われている。つまり、社会福祉労働は、「①金銭給付及び貸付、②福祉施設提供、③生活補助設備、器具の提供、④機能回復・発達のための設備、器具の提供、⑤生活の介助・介護、⑥予防・治療のための医療給付、⑦生活指導を含む機能回復・発

達のためのリハビリテーション給付、⑧職業訓練給付、⑨診断・あっせん処置を含む相談などの人的手段を通じた直接的な現物給付、⑩問題発見や解決のための調査活動、⑪問題解決のための社会資源の媒介・調整や社会的認識向上のための広報活動、⑫問題解決のための地域住民や関係団体、関係施設などの組織活動、⑬社会資源の有効活用のための連絡調整活動などの間接手段の提供」（真田是編『社会福祉労働』法律文化社、1975年、42頁）として見られ、しかも多くの場合、これらの社会福祉労働は複合的に行われ、また、歴史の発展過程においてその社会福祉労働の量と質は相違する。とは言え、これらの事実の現象の認識に留まるのではなく、これらの事実の現象の内的関連と相互依存性とにおいて、社会福祉労働の二つの要因を分析していく必要がある。とするならば、社会福祉労働は第一に、外的対象であり、その社会福祉労働が社会福祉労働手段と伴に福祉利用者に対象化・共同化される事によって、福祉利用者の何らかの種類の欲望を満足させるものである（つまり、福祉利用者が人間らしい健康で文化的な抽象的人間生活力 = healthy and cultural abstract man life power like a decent human being〔抽象的人間生活力とは、人間が生活の際に支出する脳髄、神経、筋肉、感官等の生活力を意味する〕・抽象的人間労働力 = abstract man labor force〔抽象的人間労働力とは、人間が労働の際に支出する脳髄、神経、筋肉、感官等の労働力を意味する〕の維持・再生産・発達・発揮を行う事ができる欲望を満たす事）。この欲望の性質は、それが例えば物質的生産物 = material product（福祉施設〔Welfare institution〕、福祉機器〔welfare appliance〕、生活保護制度の金銭給付等）で生じようと、人的サービス = human service（ホームヘルプサービス等）あるいは物質的生産物と人的サービスとの併用で生じようと、少しも社会福祉労働（福祉労働手段も含む）の使用価値の事柄を変えるものではない。重要なのは、社会福祉労働が福祉労働手段と伴に福祉利用者に対象化・共同化される事によって、福祉利用者の人間らしい健康で文化的な抽象的人間生活力・抽

象的人間労働力の維持・再生産・発達・発揮に部分的あるいは全体的に関係しているという事実である。そして、福祉利用者の人間らしい健康で文化的な抽象的人間生活力・抽象的人間労働力の維持・再生産・発達・発揮に部分的あるいは全体的に関係していると言う事は、二重の観点から、即ち質と量の面から分析されていく必要があるが、その有用性は使用価値にする。しかし、この使用価値は空中に浮いているのではない。この使用価値は、社会福祉労働の実体の所属性に制約されているので、その実体なしには存在しない。それ故、福祉利用者の社会福祉労働における人的サービスの提供そのもの、生活手段提供そのもの、金銭給付そのもの等が使用価値なのである。そして、使用価値は、どれぐらいの人的サービス、どれぐらいの生活手段(生活手段)、どれぐらいの金銭と言ったような、その量的な規定性が前提とされ、また、実際の使用によってのみ実現される。さらに使用価値は、どんな社会体制の福祉利用者の福祉活動・労働は、原始共同体の相互扶助活動、奴隷社会における都市国家の救済制度、封建社会における農村の荘園の相互扶助活動及びギルドの相互扶助活動・慈善活動と絶対王制下の救貧制度、現代資本主義社会の福祉利用者の社会福祉にも存在しており、福祉利用者の社会福祉労働の素材的な内容を成している。

⑰剰余価値 (a surplus value)

　単に使用価値・価値を形成するだけでなく、剰余価値も形成する。と言うのは、土台（資本主義的経済構造）に規定された国家は、社会福祉のような「『人間投資』は、経済発展の基底（経済発展の基底は利潤で在り、利潤の源泉は剰余価値である）を成すもの、経済発展がそこから絶えず養分を吸収しなければならないものであり、経済の発展に背くものではなく、その発展と伴にあるものである」(1959年度版『厚生白書』、13頁) と考えており、購入した価値（社会福祉労働者の抽象的人間労働力）が、福祉労働の為に必要な労働力商品の価値総額よりも高い事を欲するからである。国家は、社会福祉労働者に労働力の価値（賃金）を支払うが、

社会福祉労働者が一労働日（一日の労働時間）中に福祉利用者に対象化・共同化した価値は、社会福祉労働者自身の労働力の価値とこれを超過する部分とを含む。即ち一労働日は、必要労働＝支払い労働と剰余労働＝不払い労働との二つの部分からなるのである。このように、福祉労働の過程での剰余労働によって作り出された部分の価値を剰余価値と言う。

⑱公的責任（public responsibility）

「社会福祉における公的責任は、憲法第25条（生存権の保障＝security of right to live）、第13条（幸福追求権の尊重＝esteem of happy pursuit right）を軸に、社会福祉諸法に規定された国家責任にもとづく社会福祉サービス提供・実施の責任業務のことである。公的責任の中身は、社会福祉サービスを住民に保障するうえで、①財政責任を国家・自治体が持っていること、②社会福祉サービスの実施責任が『公の支配』のもとにあること、③最低基準を保障するために施設・事業について管理責任があることなどである[27]。」

⑲必要充足の原理（principle of necessary sufficiency）

必要充足の原理とは、福祉利用者の年齢、性別、健康状態、潜在能力等その個人の実際の必要の相違（多様性）を考慮して、有効且つ適切に行うものである。この原理は形式的及び画一的な平等の社会福祉を行っていくのではなく、個人の個別的実情（多様性）に則して、有効且つ適切に社会福祉を行っていく趣旨である。

⑳応能負担（(the ability burden）・応益負担 (Respondent profit burden)

「福祉サービス利用に際して、所得能力に応じて費用の一部もしくは全額を負担することを応能負担といい、逆にサービス利用の際の利益＝profit（効果＝effect）に応じて費用を負担することを応益負担と呼ぶ[28]。」

⑳現物給付（benefit in kind）

社会福祉サービスにおいて、直接対人サービスの形態として受けられることを意味する。

⑳社会福祉基礎構造改革（social welfare basic structural reform）

　社会福祉基礎構造改革の「そのねらいは、権利としての社会福祉を所得水準に応じた福祉サービス商品の購入システムへと変換することにある。具体的な改革内容は次の通りである。①これまで公立や社会福祉法人運営を原則にしてきた社会福祉分野への民間営利企業の参入。②社会福祉サービス提供・給付制度の措置制度から民法上の契約制度への変更。③社会福祉利用にともなう費用負担体系の『応能負担』主義から『応益負担』主義への変更。④生存権の権利保障体系から、契約制度を合理的に機能させるための手続き的『権利擁護制度』に限定された方向への転換[29]」である。

㉑社会福祉運動（social welfare movement）

　「社会福祉運動は、社会問題の体現者である勤労国民諸階層（work people various tiers）の生活と権利保障を求める諸運動の総称としての社会運動の一構成部分をなすものといえるが、その固有性は社会福祉の制度・政策などに対する改善・変革要求を含むところにある。その運動形態は、保育運動・障害者運動・高齢者運動というように要求主体やその課題の違いにより細分化・多様化している。他の社会運動・市民運動などとの連携が課題である[30]。」

(3) 福祉サービスの供給主体

①社会福祉組織の運営と経営の理念（idea of management and management of social welfare organization）

　社会福祉法では、社会福祉基礎構造について規定している。つまり、「社会福祉基礎構造とは、社会福祉法に規定された社会福祉を目的とする事業全般を共通して支える社会福祉の理念、社会福祉行政の実施体、社会福祉法人、サービスの利用、地域福祉計画、共同募金会、社会福祉協議会などである[31]。」

ア．社会福祉における公私関係の規定（regulation related to public and private matters in social welfare）

社会福祉関係法によって社会福祉サービスの内容や提供機関が規定されている。社会福祉法第 61 条では、「国および地方公共団体は法に規定された責任を民間の社会福祉事業の経営者に転化し、またこれらの者に財政的援助を求めてはならず、その自主性を重んじて、不当な関与を行ってはならないとしている[32)]。」

イ．国による社会福祉事業の民間に対する委託の考え方（idea of consignment to private organization of welfare work caused by country）

民間に対する社会福祉事業の委託は、公が対価を支払って行っている（民営化）。「民営化とは、本来は民間委託などの各種方法により従来の公的サービスないし公的責任の強いサービス経営に、公的責任に基づく社会福祉経営を民間団体に委託すること[33)]」である。しかし第一種社会福祉事業＝ The first kind welfare work（第一種社会福祉事業は、国民生活への影響が大きく、また運営の方法如何によっては福祉利用者の人権に重大な影響を与えたり、経済的搾取が発生する事業である）については、経営が可能なのは原則として国、地方公共団体または社会福祉法人である。

②行政組織における社会福祉の運営と経営（management and management of social welfare in administration system）

社会福祉は国による施策を中心にしており、そして国と地方公共団体は社会福祉関係法などに基づいて実施されている。

ア．社会福祉行政における国と地方公共団体の関係（country in social welfare administration and dealings of municipal corporation）

国の社会福祉行政を担うのは厚生労働省である。「地方自治法では、国と地方の関係を整理し、①国は国際社会における国家としての存立にかかわる事務、全国的に統一して定めることが望ましい事務などを担い、

②住民に身近な行政はできる限り地方公共団体に委ねることを基本にして国と地方は役割分担をはかり、地方の自主性及び自立性を十分に発揮しなければならないとしている[34]（同法第1条の2）」

イ、　中央集権モデルから地方分権への社会福祉行政の転換
(conversion of social welfare administration from centralization model to decentralization of power)

地方自治法改正を中心にした地方分権推進一括法では、「地方自治の趣旨をいっそう明確にし、国と地方を対等な関係にあるとして機関委任事務、団体委任事務及び固有事務という区分を廃止することとなった。これにより国の業務を地方自治体が委託され実施する法定受託事務と自治事務に区分されることとなった。こうしてかつての機関委任事務の特徴であった、国が上級で地方自治体が下級機関となるという関係が廃止され、より住民に身近な市町村が社会福祉行政の実施にあたることとなったのである[35]。」それ故、筆者が6の「社会福祉の基本問題（基本的矛盾）と課題」のところで述べているように、地方主権型福祉社会の財政的基盤となる地方主権的財政システムを構築していくことが重要である。

③民間組織における社会福祉の運営と経営
(management and management of social welfare in private organization)

社会福祉サービス提供は行政のみならず社会福祉法人をはじめ、住民参加型組織、協同組合、さらにNPOや営利事業者、ボランティアなどの民間組織によって実施されている。

ア、　社会福祉における民間福祉の位置づけ
(location of private welfare in social welfare)

（ア）社会福祉法における社会福祉法人の規定（regulation of social welfare juridical person in social welfare law）

「社会福祉法人に関する通則では、社会福祉法人は社会福祉事業を行うことを目的に設立した法人であり、……。社会福祉法人は社会福祉事

業に必要な施設、運営資金などを確保し、認可の際には社会福祉関係法の定める最低基準に応じた必要な資産が確実に準備されていることが求められることとなっている。これらを踏まえた上で社会福祉法第2条に定められた第一種社会福祉事業について原則として国及び地方公共団体とならんで経営できる公益法人となっている[36]。」

(イ) 社会福祉の発展の一翼を担う民間社会福祉 (private social welfare that plays a part in development of social welfare)

民間社会福祉は社会福祉の発展の一翼を担っているが、行政の規制と助成の程度によって次のように類型できる。行政の関与が強い民間組織としては前述した社会福祉法人をはじめ、「社会福祉協議会、独立行政法人福祉医療機構、日本赤十字社などを挙げることができる。独立行政法人福祉医療機構は、民間福祉医療施設の整備を促進するための民間事業者への施設整備資金の融資をはじめ、社会福祉施設職員の退職手当制度の運用、福祉医療情報の提供、経営指導、民間団体への助成事業などを実施し、また日本赤十字社は根拠法で社会福祉法人とみなす同格の規定が与えられて第一種社会福祉事業を経営するとともに（日本赤十字社法第35条）、医療供給や災害救助などの事業を実施している。このほか、社会福祉法に規定されて社会福祉従事者の福利厚生事業を経営する福利厚生センターなどもある。さらに、地域における社会福祉関係者としては民生委員・児童委員がそれぞれの根拠法で規定されており、全国で20万人を越える人々が地域福祉の重要な担い手として活動している[37]。」

【注】

1) 社会福祉辞典編集委員会編『社会福祉辞典』（大月書店、2002年、316頁）。
2) 河野正輝「社会福祉の権利」（佐藤進編『現代社会福祉法入門』法律文化社、1989年、30頁）。
3) 定藤丈弘「障害者福祉の基本的思想」（定藤丈弘・その他編『現代の障害者福祉』有斐閣、1996年、2頁）。
4) 社会福祉辞典編集委員会編、前掲書、268頁。
5) 関川芳孝「障害者をめぐる機会平等等の理念と実践」（定藤丈弘・その他編、前掲書、77頁）。
6) 関川芳孝「障害者をめぐる機会平等等の理念と実践」（定藤丈弘・その他編、前掲書、77-78頁）。
7) 中野善達・その他編『障害をもつアメリカ人に関する法律』（湘南出版社、1991年）を参考にする。
8) 「ノーマライゼーションの原理」『四国学院大学論集』42号、145-146頁。
9) 「知的障害者のための居住施設サービスの形態への変化」『四国学院大学論集』44号172-174頁。
10) 星野貞一郎・その他編『教育者のための障害者福祉論』（明石書店、2005年、12頁）。
11) 社会福祉辞典編集委員会編、前掲書、529頁。
12) 星野貞一郎・その他編、前掲書、25頁。
13) 社会福祉辞典編集委員会編、前掲書、43頁。
14) 星野貞一郎・その他編、前掲書、28-29頁。
15) 社会福祉辞典編集委員会編、前掲書、28-29頁。
16) 星野貞一郎・その他編、前掲書、31頁。
17) 星野貞一郎・その他編、前掲書、32頁。
18) アマルティア・セン（鈴木興太郎訳）『福祉の経済学』（岩波書店、1988年、22頁）。
19) 絵所秀紀・その他編『アマルティア・センの世界』（晃洋書房、2004年、2頁）。
20) 絵所秀紀・その他編、前掲書、4頁。
21) 絵所秀紀・その他編、前掲書、4頁。
22) 絵所秀紀・その他編、前掲書、9頁。
23) 絵所秀紀・その他編、前掲書、9頁。
24) 絵所秀紀・その他編、前掲書、11頁。
25) 絵所秀紀・その他編、前掲書、11頁。
26) 社会科学辞典編集委員会編『社会科学辞典』（新日本出版社、1967年、294-295頁）。
27) 社会福祉辞典編集委員会編、前掲書、140頁。
28) 社会福祉辞典編集委員会編、前掲書、45頁。
29) 社会福祉辞典編集委員会編、前掲書、237頁。
30) 社会福祉辞典編集委員会編、前掲書、236-237頁。

31) 大橋謙策・その他編『現代社会と福祉』（ミネルヴァ書房、2012年、166-167頁）。
32) 大橋謙策・その他編、前掲書、167頁。
33) 大橋謙策・その他編、前掲書、168頁。
34) 大橋謙策・その他編、前掲書、170頁。
35) 大橋謙策・その他編、前掲書、171頁。
36) 大橋謙策・その他編、前掲書、182-183頁。
37) 大橋謙策・その他編、前掲書、183-184頁。

3. 人間（福祉利用者）開発と社会福祉

(1) はじめに

　今日、人間（福祉利用者）開発（社会福祉における人間開発の事業というのは、社会福祉を合法則的に発展させる事を通じて実現されるものである。その為には、社会福祉の法則性を洞察し、社会福祉を科学的〔弁証法的唯物論及び史的唯物論〕に把握する事が重要である）の研究が、国連開発計画[1]など国連機関の場で提起され、これが21世紀に向けての社会福祉の新しい理念となりつつある。そして、福祉利用者の人間開発（潜在能力の発達・発揮）によって、福祉利用者が社会福祉労働（施設の建物や施設内で提供される食事等の社会福祉労働手段も含む）を能動的・創造的かつ受動的に享受し、人間らしい健康で文化的な生活（人間らしい健康で文化的な生活活動〔機能〕の基盤である潜在能力の発達・発揮の成就の享受を向上させていく（福祉利用者が社会福祉労働の享受の使用価値を高めていく）と言う点において人間（福祉利用者）開発（潜在能力の発達・発揮）の思想は重要である。
　ここでは、この人間開発（潜在能力の発達・発揮）の思想的淵源の一つに成っているアマルティア・セン（ノーベル経済学賞の受賞者）の福祉を検討し、その人間開発（潜在能力の発達・発揮）に対するセンの理論がどのような意義を持ち、そして同時にどのような問題点（限界）があるのかを考察していきたい。
　まず第1に福祉の特徴を整理し、次に国連開発計画による人間開発(潜在能力の発達・発揮）論がどのように提起され、それが人間開発（潜在能力の発達・発揮）政策にどのような方向転換を意味しているのか、ま

たそれが人間開発（潜在能力の発達・発揮）指標の開発・利用においてどのような変化を導いたかについて考察する。第２にセンの福祉の根幹と言うべきケイパビリティ論は、経済学の主流派の価値論を形づくっている効用論（効用論は、快楽・幸福・欲望等といった心理的特性によって定義される個人の効用のみに究極的な価値を見いだす論である）に対してのもう一つの価値論を展開していると言う事である。つまり、人間の多様な基礎的生活活動（機能「functioning」）の組み合わせ間の自己選択・自己決定の自由の拡大と言う要因を強調する事によって（こうした点を強調するのは、前述したように、次のような点にある。つまり、人が生きている事を実感できるのは、日常の生活活動や社会活動を十分に行っている時の方が多い。そうすると、福祉を考える時、福祉サービスや所得等の生活手段のみに注目するのではなく、実際の人の生活活動と生活状態の状況を詳しく見た方が良い事になる）、新しい人間開発（潜在能力の発達・発揮）思想の基礎となる事ができる。

　以上の２点を検討する事によって、人間開発（潜在能力の発達・発揮）がいかに福祉利用者にとって社会福祉の使用価値を高めていく事に連結していくかが認識され、社会福祉学のパラダイム（paradigm）転換に寄与できればと思う。

(2) 人間（福祉利用者）の欲求及び要求と社会福祉の特徴

①人間（福祉利用者）の欲求及び要求と経済学

　我々が生きている限り続けなければならない人間の生活（人間らしい健康で文化的な生活活動〔機能〕の基盤である潜在能力〔抽象的人間生活力・抽象的人間労働力〕の維持・再生産・発達・発揮の成就）は、人間が労働において自然に働きかけると同時に、人間相互にも働きかけて、人間の種々の欲求（要求）を満たす為に必要な物質的なものやサービスを生産し、分配し、消費（享受）する事によって成り立っている。経済

学と言う学問は、こうした人間生活の諸法則を、人間が種々の欲求（要求）の充足手段を獲得し享受するに際しての、人間と自然との相互関係及び人間と人間との相互関係に則しての研究を行う学問である（社会福祉学の学問も同様である）。このように考えられた経済学は、それ自体の内に人間開発（潜在能力の維持・再生産・発達・発揮）の経済学が含まれていると思われる（社会福祉学の学問も同様である）。

　まず経済学の原点に位置する人間の欲求（要求）と言う契機に注目し、欲求（要求）と人間開発（潜在能力の維持・再生産・発達・発揮）との関連について考えてみる。森岡孝二氏が指摘されているように、「人間の日々の生活を見ると理解できるように、飲食、衣着、住居、保育、福祉、医療、娯楽等の多種多様な生活手段に対する欲求（要求）を持っている。これらの内、所謂衣食住に関係する生理的及び身体的欲求（要求）の最小範囲は、人間の生物的生存の為に絶対的に必要である（また、この種の欲求は、気象や風土等の自然的条件によって違いがある）。しかし、どんな種類の欲求（要求）であれ、人間の欲求（要求）のありよう、その種類、その範囲、その享受の仕方等は、第1に、人間とその社会の歴史的発展段階、特に文化段階によって条件づけられている。第2に、人間の欲求（要求）は、生産関係や家族・地域社会・社会集団の地域全体及び社会全体の共同的・社会的生活諸関係によって規定されている。第3に、人間の欲求（要求）は、その享受の手段（住居等の生活手段）の量と質、種類と範囲によって制約されており、欲求（要求）の享受手段の発展につれて発展していく[2]。」

　こうした人間の欲求（要求）を満たすには、身体的・自然的欲求（要求）であれ、精神的・文化的な欲求（要求）であれ、身体器官の外に、種々の物質的及びサービスの生活手段が必要である筆者自身の日常生活に則して述べるならば、朝はまず時計の音に目を覚まし、布団から抜け出してトイレにいく。歯ブラシに練り歯磨きをつけて歯を磨く。水道の水で顔を洗い、タオルで拭く。朝食の食事をしながら新聞を読む。出勤

前に衣類をクリーニング屋に依頼（洗濯のサービスの依頼）する。そこでようやくバスで外出する。

　これら全て筆者が朝起きて外出するまでの生活上の欲求（要求）を満たす為に必要とする物質的及びサービスの生活手段である。サービスや財（生活手段）には空気や日光等のように自然の状態のままで人間の欲求（要求）を満たすものもあるが、殆どは人間が自然や人間に働きかけて、自然の物質を生活で使用できる形態に変化させたものだと言う意味において、労働の生産物である。

　しかし、労働の生産物である生活手段は現代資本主義社会においては殆んど商品形態をとっている。商品を取得（購買）するのには、一定の生活手段である所得（貨幣）が必要である。ところが労働者が停年・失業・疾病・傷害・障害等によって低所得や貧困に陥った場合、生活手段（商品）の購買力に不足・欠如が生じてくる。この場合、生存権（憲法第25条）としての社会福祉や社会保障が必要となってくる。つまり、経済学とは本来、福祉（well-being）の増進・向上を追求する学問[3]であると言う見解を肯定するならば、福祉と経済の合成語である福祉経済は、社会問題としての社会福祉問題を担った福祉利用者に対する福祉サービス・所得（生活手段）の再分配・機能[4]及び消費（享受）の支援[5]を研究対象とする社会科学の学問（学問とは、一定の理論「理論とは、科学〔科学とは、福祉観察や福祉実践・福祉労働等の経験的手続きによって実証された法則的・体系的知識を意味する〕において社会問題としての社会福祉問題と社会福祉労働の事実〔科学は理念・思弁や仮定等から出発するのではなく、事実から出発するのである〕や認識を統一的に説明し、予測する事のできる普遍性を持つ体系的知識を意味する」に基づいた法則〔法則とは、いつでも、またどこでも、資本主義社会の生産様式の条件の下で成立する社会問題としての社会福祉問題と社会福祉労働との普遍的・必然的関係を意味する〕的・体系的知識と方法と言う事を意味する）になる。

②社会福祉の特徴

　従来の経済学による生活評価は、人の持っている財や所得の手段の程度を基準にするものと、本人の主観的な幸福感に注目するものとに分かれている。従来、社会福祉の生活評価も社会福祉の法制度の手段そのものの整備程度や水準のみを基準あるいは焦点としていた（社会福祉の法制度〔生活手段〕等そのものの整備程度や水準は重要であるが、社会福祉の法制度等そのものの整備程度や水準は直接的に福祉ではない。と言うのは、福祉利用者が社会福祉の法制度等を使用する事によって、人間らしい健康で文化的な潜在能力〔抽象的人間生活力・抽象的人間労働力〕の維持・再生産・発達・発揮を成就して初めて社会福祉となると考えている）。つまり、社会福祉は、生存権保障として福祉利用者に社会福祉の法制度等の生活手段の保障と供に社会福祉の法制度等の生活手段そのものを使用して何をなしうるかあるいは福祉利用者はどのような存在でありうるかと言う点が焦点となる。福祉利用者を中心に置き、しかも人間らしい健康で文化的な潜在能力（抽象的人間生活力・抽象的人間労働力）の維持・再生産・発達・発揮の成就の実現（福祉＝well-being）の際に、社会福祉の法制度等の生活手段そのものの固有価値だけに注目するだけでなく、福祉利用者のケイパビリティ（潜在能力）の多様性に注目していく必要性をアマルティア・センは次のように指摘する。

　「一例としてパンという財を考えよう。この財は多くの特性をもつが、栄養素を与えるというのもそのひとつである。この特性は、カロリー・蛋白質など、さまざまなタイプの栄養素に分解できるし、そうすることはしばしば有用である。栄養素を与えるという特性に加え、パンはその他の特性、例えば一緒に飲食する集まりを可能にするとか、社交的な会合や祝宴の要請に応えるといった特性をもっている。ある特定時点における特定の個人は、より多くのパンをもつことにより、ある限度内でこれらの仕方（すなわちカロリー不足なしに生存すること・他人をもてなすことなど）で機能する能力を高めることができる。しかし、二人の異

なる個人を比較する際には、ただ単に二人の個人がそれぞれに享受するパン（あるいはそれに類した財）の量をしるだけでは、十分な情報を得たことにはならない。財の特性を機能の実現へと移す変換は、個人的・社会的なさまざまな要因に依存する。栄養摂取の達成という場合にはこの変換は（一）代謝率、（二）体のサイズ、（三）年齢、（四）性（そして女性の場合には妊娠しているか否か）、（五）活動水準、（六）（寄生虫の存在・非存在を含む）医学的諸条件、（七）医療サービスへのアクセスとそれを利用する能力、（八）栄養学的な知識と教育、（九）気候上の諸条件、などの諸要因に依存する[6]。」

つまり、アマルティア・センが指摘されているように、人（福祉利用者）の福祉＝well-beingを考えていく場合、ひと（福祉利用者）の前述した多様なケイパビリティを踏まえて、人（福祉利用者）がなしうること(doing)となりうること(being)に注目していく事が重要であると言う事である。またアマルティア・センによれば、「福祉（well-being）」の評価を富裕つまり実質所得（生活手段）のみに焦点を合わせたり、効用や満足のみに焦点を合わせるのではなくて、人（福祉利用者）が機能するケイパビリティ、即ち人（福祉利用者）はなにをなしうるか、あるいは人（福祉利用者）はどのような存在でありうるかと言う点にこそ関心を寄せるべきであると言う事になる。福祉サービス・財貨は特性（固有価値）を備えているが、福祉サービス・財貨の特性（固有価値）は、人（福祉利用者）がそれを使用して何をなしうるかを教えてくれない。人（福祉利用者）の「福祉について判断する際には、彼／彼女（福祉利用者—挿入、筆者）が所有する財の特性に分析を限定するわけにはいかない。われわれは、ひとの『機能』(functioning)にまで考察を及ぼさねばならないのである。財の所有、従ってまた財の特性に対する支配権は個人（福祉利用者—挿入、筆者）に関わることであるが、財の特性を数量的に把握する方法はその財を所有するひとの個人（福祉利用者—挿入、筆者）的特徴に応じて変わるわけではない。自転車は、それをたま

たま所有するひとが健康体の持主であれ、ひとしく『輸送性』という特性をもつ財として処理されてしまう。ひとの福祉について理解するためには、われわれは明らかにひとの『機能』にまで、すなわち彼／彼女（福祉利用者―挿入、筆者）の所有する財とその特性を用いてひとはなにをなしうるかにまで考察を及ぼさねばならないのである。例えば、同じ財の組み合わせが与えられても、健康なひとならばそれを用いてなしうる多くのことを障害者はなしえないかもしれないという事実に対して、われわれは注意を払うべきである[7]。」（傍点、筆者）とするならば、社会福祉の法制度の手段そのものの整備程度や水準等の生活手段の不足・欠如の側面と生活手段の不足・欠如から関係派生的に生成してきた福祉利用者の多様なケイパビリティ及びそのケイパビリテの維持・再生産・発達・発揮の阻害の側面を統一的に捉え、さらに両者の関係（機能）にも注目していく事が重要であると言う事である。そして、こうした捉え方は、福祉利用者を中心においた考え方であり、福祉利用者が人間らしい健康で文化的な生活の享受に成功する多様な機能（機能とは人が成就しうる事―彼／彼女〔福祉利用者〕が行いうる事、なりうる事―である。それは言わば人〔福祉利用者〕の「福祉状況」の一部を反映するものであって、これらの機能を実現する為に使用される社会福祉の法制度等の生活手段そのものとは区別されなくてはならない。自転車〔生活手段〕を乗り回すことが自転車〔生活手段〕を所有することから区別されなくてはならないというのは、その一例である[8]）と福祉利用者がこれらの機能を達成する生活活動（機能）の基盤であるケイパビリティの多様性及びその不足・欠如にも注目していく事が重要である。

　従って、社会福祉学は、社会福祉の法制度等によるサービスの再分配の社会福祉政策のあり方、再分配された社会福祉の法制度等の生活手段そのものを福祉利用者が人間らしい健康で文化的な生活に変換していく、あるいは人間らしい健康で文化的な生活動（機能）の基盤である潜在能力（抽象的人間生活力・抽象的人間労働力）の維持・再生産・発達・

発揮の成就を研究していく学問である。つまり、生存権保障として福祉利用者の多様性を踏まえた生活手段（社会福祉の法制度等）の保障と福祉利用者の生活活動（機能）の基盤である潜在能力の維持・再生産・開発＝発達・発揮を行っていく機能、福祉利用者の機能に対する社会福祉労働・社会福祉実践のあり方等を研究対象とするところに特徴がある。

（3）人間（福祉利用者）開発及び発達の社会福祉学

①国連開発計画による人間開発及び発達論 [9]

　今日、開発は経済開発（例えば、国民総生産＝GNPの向上等）から人間開発（潜在能力の発達・発揮）に重点が移ってきている（勿論、生活手段として国民総生産の向上が重要であると言う事は言うまでもない）。国連開発計画による人間開発（潜在能力の発達・発揮）を見ると、次のように指摘している。国連開発計画による人間開発（潜在能力の発達・発揮）とは、「人間の役割と能力を拡大することにより、人々の選択の幅を拡大する過程である。よって、人間開発とはこうした役割や能力の人間へ及ぼす結果を反映することにもなる。人間開発は、過程でありまた目的でもある[10]。」そして、「すべての開発段階での三つの基本的な能力とは、人々が長命で健康な生活を送り、知識をもち、人間らしい生活水準に必要な経済的資源を得られることである。しかし、人間開発の守備範囲はこれ以上に拡大している。その他、人々が非常に大切だとしている選択肢には、参加、安全保障、持続可能性、人権保障などがあり、これらはすべて創造的、生産的であるために、また、自尊心や能力向上、地域社会への帰属意識をもって生きるために、必要なものである[11]。」ここでは、人間開発（潜在能力の発達・発揮）が所得・富（手段）の成長以上のことを示し、即ち人間による選択の拡大を意味すると定義されている。ここで、人間の多様な選択の中でも重要なものとして、保健、教育、人間らしい生活を維持できる収入、政治的自由、人権、人間

の尊厳が挙げられている事に留意する事が重要である。これらの指摘は、収入の点を除いて、これまでの主流派経済学にとって「市場の外部」とみなされていた要因である。人間開発（潜在能力の発達・発揮）の社会福祉学が従来の社会福祉学のスコープ（scope）を大きく広げている。

　また、この国連開発計画では、人間開発（潜在能力の発達・発揮）過程が個人の選択・能力の拡大に留まらず、国家の義務を次のように指摘している。「国家には、主たる義務者として適切な政策を採用、実施し、最善を尽くして貧困を根絶する責任がある。そして政策の実施に関し、国家の説明責任を明確にする必要がある[12]。」国家の公共政策の義務を指摘している点は、国家の社会福祉も含めた公共政策の責任領域を縮小していこうとする資本主義社会の生産様式（土台）の上部構造に位置する新自由主義（新自由主義の考え方は、社会の資源配分を市場の自由競争で実現しようとする。そして、国家の経済への介入は市場の自由競争を制約すると言う事から、国家の福祉への介入も批判する。しかも市場の自由競争によってもたらされた生活の不安定や貧困を市場の自由競争の強化で解決しようとするもので、明らかに生活の不安定や貧困を拡大するものである）に対して貧困の社会福祉の批判の根拠となる。

　そして、人間開発（潜在能力の発達・発揮）の基礎概念として前述したケイパビリティと言う用語が出てくる。西川潤氏が指摘されているように、「開発の過程は少なくとも人々に対して、個人的にも集団的にも、彼らの持つ資性を完全に発揮させることを可能とし、また、同時に彼らの必要や利害に応じた生産的、また創造的生活を営ませるに相当の機会を与える事を可能とさせるような政策環境を、つくり出さなければならない。人間開発は従って、人間のケイパビリティ―保健や知識の改善―を形成するという事以上に、これらのケイパビリティをいかに利用し、発揮していくか、という事に関連している。ケイパビリティの利用とは、仕事、余暇、政治活動、文化活動などいろいろな面で現れる。もし、人間開発の度合の中で、人間のケイパビリティの形成とその利用との間に

ずれが見出される時、人間の潜在能力の大きな部分は浪費されてしまうことになろう[13]」。西川潤氏が指摘されているように、このケイパビリティの用語は、後述するようにアマルティア・センの概念である。ケイパビリティは能力及び潜在能力の双方を指し、キャパシティ（capacity）と言う言葉とは異なる[14]。つまり、キャパシティはあるもの（こと）を生み出す力（例えば、米を生産する能力そのもの等）を指しているが、ケイパビリティ・アプローチは、「『機能を可能にする能力』も含めた『達成するための自由』に対する幅広い関心の上に立脚しているのである[15]。」そして、西川潤氏が指摘されているように、ケイパビリティの形成及び利用は個人の能力であると同時に、公共政策の責任でもある[16]（ここで、福祉の公共政策の責任とは、能力の形成及び発揮を保障していくような政策環境形成の責任である。ここに、近年、注目されている政策環境の問題が現れる[17]）。

②人間開発及び発達指標[18]

今日までの経済学では、厚生または福祉の指標を一人当たりの国民総生産＝GNP（マクロ経済学）等で示されてきた。しかし、開発理念が経済成長から人間開発（潜在能力の発達・発揮）へと転回する時、人間らしい健康で文化的な生活＝福祉（well-being）を示す為の新しい指標が必要となる。国連開発計画では、人間開発（潜在能力の発達・発揮）を測定する指標として人間開発（潜在能力の発達・発揮）指標を設定した。HDI（Human Development Indicators）は、前述した人間開発（潜在能力の発達・発揮）の定義に沿い、保健、教育、一人当たりの実質所得に関してそれぞれ指標を作成し、これらを合成したものである。その意味で、これはGNP指標と異なり、社会指標である言ってよい。

HDIは、比較的簡単な操作可能な指標を用いる事によって、国際間の人間開発（潜在能力の発達・発揮）・社会開発度を比較する事を可能にした。HDIは国内総生産＝GDP（Gross Domestic Product）と同じマクロ・レベルの数字である為に、国内の所得分配の歪みを表示するも

のではない。また、一人当たりの実質所得はGNPを基盤としており、その為、経済成長を批判すると言うよりは、人間開発（潜在能力の発達・発揮）と経済成長の相関関係を肯定的に見て、また一方で、人間開発（潜在能力の発達・発揮）のもう一つの定義として挙げられた自由や人権をどのように測定するかと言う問題があったが、個人の安全、法の支配、表現の自由等について4つの指標を集め、これを合成した政治的自由指標（Political Freedom Indicators）を発表した（しかし、PFIが低いとされた発展途上国からの厳しい批判に晒され、その後放棄された）。

（4）センの福祉論[19]

　アマルティア・センは効用主義（帰結の望ましさを判断する際に、個々の人の厚生、効用、満足だけを判断の材料にする立場が効用主義と呼ばれている）を批判し、社会行動の基礎としての共感（共感とは、他人が虐待を受けている事実を知って心を痛める事）に発しながらも、さらに個人の選択としての要因を強調するコミットメント（commitment）と言う概念を提起しているが、この概念の意味は次のような事である。つまり、自分の正義感に照らして不正な事に抗議する事は私たちの日常生活にある事は言うまでもない。譬えそれが自分の生活に直接関わらなくても、また時には自分の利益を損なうとしても、また自分の福祉（well-being）が下がる事を知った上であえて自分の価値を認める行動を選択する事をコミットメントと呼んでいる。人間の行動が、単に自己利益ばかりではなく、同時にコミットメントにも依存していると考える時、アマルティア・センの、ロールズの「正義の二原理（第一の原理は、基本的な権利と義務の割り当ての平等を求め、第二の原理は、社会的・経済的不平等は全ての人、とりわけ最も不遇な立場にある社会構成員の便益を結果的に補償する場合のみ、正義にかなうと主張する[20]）」に対する批判点が明らかになる。

ロールズは、西川潤氏が指摘されているように、基本的自由を基礎として社会的不遇者に対する「最大の利益」の保障は、基本財（権利、自由と機会、所得と富、自尊等の社会的基礎としての「合理的な人間ならばだれでも望むであろうと推定される」財）の配分として現れると考えている[21]。しかしアマルティア・センは、西川潤氏が指摘されているように、この見方を物神崇拝的（物神崇拝とは、現代資本主義社会の商品生産社会にあっては、人と人との関係はものとものとの交換関係を通じてのみ成立する。つまり、物的依存の社会であり、これを物神崇拝的と呼ぶ）であると批判し、人間のベイシック・ケイパビリティの平等を認める事によって、初めて財に対する主観的効用とも、基本財の配分の平等とも異なった福祉の柱が構築できると考えた[22]。ケイパビリティ論の基礎として、エンタイトルメント（entitlement）の考え方がある。エンタイトルメントとは、社会や他人から与えられた権利（社会保障等の受給権など）や機会を使用して、ある個人が自由に使用できる財貨の様々な組み合わせの事である。実際に人々の間で所有されかつ交換されるかは、このエンタイトルメントのあり方によって決まる。例えば、高齢者の場合、年金制度や生活保護制度等によってどのくらいの財貨が得られるかがその人のエンタイトルメントを決める事になる。つまり、西川潤氏が指摘されているようにエンタイトルメントは、権利の行使によって獲得された財貨・サービスの支配、またそれらに対するアクセス情況であって、あるいは人間の権利に基づいて、生存権等の人権を保障する財貨・サービス基盤を指す概念であって、単なる規範的な概念ではない[23]。

　ある人間の基本的生活活動（機能）とは、西川潤氏が指摘されているように、十分な栄養を摂取すること、早死にを防いだり、病気の際に適切な医療を受けたりする事等、生に関する基本的な諸生活活動から、自尊心を持ったり、幸福であったり、地域生活に積極的に参加したり、他人に認められたりする、より複雑な生活活動まで、多様なものを含むが、

重要な事は、これらの諸生活活動の組み合わせを選択していく事によって、人間の生活活動（機能）の基盤であるケイパビリティが明らかになってくる事である[24]。

　従って、生活活動（機能）の基盤であるケイパビリティとは、西川潤氏が指摘されているように、人間（福祉利用者）が基本的生活活動（機能）の選択を通じて、多様な可能な生の間に選択を行っていく事を指す[25]。人間（福祉利用者）が基本的生活活動（機能）を実現していく生活活動（機能）の基盤であるケイパビリティは人間（福祉利用者）にとっての社会福祉（well-being）に密接に関係があり、またより良い社会福祉（well-being）が達成されるかどうかは、基本的生活活動（機能）を自己選択・自己決定し実現する人間（福祉利用者）の生活活動（機能）の基盤であるケイパビリティにかかっていると言っても過言ではない。何故ならば、社会福祉の法制度等の生活手段そのものの特性（使用価値）を活用する能動的・創造的活動と受動的・享受的活動のケイパビリティに不足・欠如があったならば、社会福祉の法制度等の生活手段そのものの特性（使用価値）を生活目的（人間らしい健康で文化的な生活あるいは人間らしい健康で文化的な潜在能力〔抽象的人間生活力・労働力〕の維持・再生産・発達・発揮の実現〔成就〕）に変換していく事が不十分あるいは不可能となる。つまり、福祉（well-being）は福祉利用者の生活活動（機能）の基盤であるケイパビリティを基礎とした日常の生活活動を通して、社会福祉の法制度等の生活手段そのものを福祉（well-being）に変換していく必要があるから、社会福祉の法制度等の生活手段そのもののみに焦点を合わせるのではなく、社会福祉の法制度等の生活手段そのものの量的及び質的保障（福祉政策的労働・実践）の側面と同時に、福祉利用者は社会福祉の法制度等の生活手段そのものを活用して何をなしうるか、あるいは福祉利用者はどのような存在でありうるかと言う機能（機能への福祉臨床的労働・実践による支援）の側面の統一的視点が重要となる。

以上のように、福祉利用者の生活活動（機能）の基盤であるケイパビリティ、基本的生活活動、エンタイトルメントとの関係を理解するならば、社会福祉における人間開発（潜在能力の発達・発揮））の重要性が明らかになってくる。

(5) おわりに

　西川潤氏が指摘されているように、このアマルティア・センのケイパビリティ論が国連人間開発報告書の基礎となったのはそれなりの意義がある。と言うのは、国際開発の分野で、人間開発（潜在能力の発達・発揮）が経済開発と同時に、人間の自己選択・自己決定の生活活動（機能）の基盤であるケイパビリティの拡大として捉えられるようになってきたからである[26)]（それと供に、開発指標も GNP 指標に代わって社会指標が重視されるようになり、福祉、保健、教育、実質購買力等に基づく人間開発指標が作られ、用いられるようになった[27)]）。

　ケイパビリティ論は、西川潤氏が指摘されているように、人間の福祉（well-being）を基本的生活活動の組み合わせを自己選択・自己決定し、福祉（well-being）を実現（成就）していく生活活動（機能）の基盤であるケイパビリティの拡大にあると見る[28)]。この場合に、基本的生活活動を保障する福祉サービス・財貨（生活手段）の保有状況、またそれに対する具体的な権利（entitlement）が社会的に保障されているかどうかは、生活活動（機能）の基盤であるケイパビリティの実現（成就）にとって重要な条件となる[29)]。このように考えれば、社会問題としての社会福祉問題とは、エンタイトルメントの剥奪による生活手段（実質所得など）の不足・欠如のみではなく、生活手段の不足・欠如から関係派生的に生成してきた生活活動（機能）の基盤である潜在能力の維持・再生産・発達・発揮の阻害（ケイパビリティの不足・欠如）の為に、基本的生活活動の阻害（機能の阻害）も意味する。自由及び人権（生存権

など）に基づいた自己選択・自己決定としての多様な生活活動（機能）の基盤であるケイパビリティによる福祉利用者の不断の努力による基本的生活活動の組み合わせの拡大の幸福追求こそが、憲法第12条（この憲法が国民に保障する自由及び権利〔生存権一挿入、筆者〕は国民の不断の努力によってこれを保持しなければならない）・憲法第13条（すべて国民は、個人として尊重される。生命、自由及び幸福追求に対する国民の権利については最大の尊重を必要とする）の理念に適合したより良い福祉（well-being）を実現する土台（基礎）をつくる事にもなる。それは同時に、社会開発の中心である人間開発（潜在能力の維持・再生産・発達・発揮）の課題と考える新しい社会福祉学の到来を意味するものである。

　しかし、アマルティア・センの福祉体系と今日の人間開発（潜在能力の発達・発揮）論は、個人レベルのケイパビリティが課題である為、共同（共助）の生活活動（機能）の基盤であるケイパビリティについては考察されていない。共同（共助）の生活活動（機能）の基盤であるケイパビリティを地域福祉との関連で考えるならば、既存の地域福祉（既存の地域福祉は、地域住民の地域福祉活動〔機能〕が強調されている一方において、生活手段の不足・欠如〔例えば、所得の不足・欠如等〕が看過されているように思われる）の批判的検討も含めた地域住民の共同（共助）のケイパビリティによって地域福祉を発展させていく事は、地域住民の共同（共助）の幸福追求と言う国民の不断の努力を実践する事にもなり、憲法第12条（この憲法が国民に保障する自由及び権利〔生存権一挿入、筆者〕は国民の不断の努力によってこれを保持しなければならない）・憲法第13条（すべて国民は、生命、自由及び幸福追求に対する国民の権利については最大の尊重を必要とする）の理念にも適合したより良い福祉（well-being）に合致する事にもなる。また、アマルティア・センは現代資本主義構造（土台＝生産関係と上部構造）との関連で、社会問題としての社会福祉問題（必需的な生活手段〔所得・社会福祉サー

ビス等〕の不足・欠如と生活手段の不足・欠如から関係派生的に生成してきた福祉利用者の人間らしい健康で文化的な潜在能力〔抽象的人間生活力＝人間が生活する際に支出する脳髄・神経・筋肉等を意味する・抽象的人間労働力＝人間が労働する際に支出する脳髄・神経・筋肉等を意味する〕の維持・再生産・発達・発揮の阻害の生活問題）がどのようにして生成してくるかについても考察されていないが、この点を考察していく必要がある。何故ならば、この点の認識が欠けると、社会問題としての社会福祉問題を私的な個人の問題あるいは私的な家族の問題にしてしまいがちであり、社会福祉が生活問題に対する社会的人権（生存権など）保障策であると言う認識が欠けてしまう。つまり、社会的人権保障策やエンタイトルメントの発展の為には、社会問題としての社会福祉問題の認識は重要である。さらに、アマルティア・センは、福祉の使用価値（人間らしい健康で文化的な潜在能力〔抽象的人間生活力・抽象的人間労働力〕の維持・再生産・発達・発揮の実現〔成就〕）を高めていく生活活動（機能）の基盤であるケイパビリティに焦点をあてた事は重要であるが、価値・剰余価値の要因を看過している。この要因を看過すると、社会福祉に内在している発展の原動力である矛盾を認識する事ができない。

【注】
1) 横田洋三・その他監修『人間開発報告書2000―人権と人間開発―』（国際協力出版会、2000年）。
2) 森岡孝二「経済学の基礎概念と人間の発達」（基礎経済科学研究所編『人間発達の経済学』青木書店、1982年、28-30頁）。
3) 社会福祉辞典編集委員会編『社会福祉辞典』（大月書店、2002年、456頁）。
4) 機能は次のような意味である。人が生きている事を実感できるのは、日常の生活や社会活動を十分におこなっている時の方が多い。そうすると、福祉（well-being）を見るときには所得（生活手段）等のみを見るだけでなく、生活手段を活用して、人（人間）がなしえる事、あるいはなりうる事にも注目する必要がある。このように、人（人間）がなしえる事、あるいはなりうる事を機能と呼ぶ。そして、アマルティア・センの共同研

究者であるマーサC. ヌスバウムは、機能と密接な関係があるケイパビリティ（潜在能力）を次のように指摘している。「①**生命**（正常な長さの人生を最後まで全うできること。人生が生きるに値しなくなる前に早死にしないこと）、②**身体的健康**（健康であること〔リプロダクティブ・ヘルスを含む〕。適切な栄養を摂取できていること。適切な住居にすめること）、③**身体的保全**（自由に移動できること。主権者として扱われる身体的境界を持つこと。つまり性的暴力、家庭内暴力を含む暴力の恐れがないこと。性的満足の機会および生殖に関する事項の選択の機会を持つこと）、④**感覚・想像力・思考**（これらの感覚を使えること。想像し、考え、そして判断が下せること。読み書きや基礎的な数学的訓練を含む〔もちろん、これだけに限定されるわけではないが〕適切な教育によって養われた〝真に人間的な〟方法でこれらのことができること。自己の選択や宗教・文学・音楽などの自己表現の作品や活動を行うに際して想像力と思考力を働かせること。政治や芸術の分野での表現の自由と信仰の自由の保障により護られた形で想像力を用いることができること。自分自身のやり方で人生の究極の意味を追求できること。楽しい経験をし、不必要な痛みを避けられること）、⑤**感情**（自分自身の周りの物や人に対して愛情を持てること。私たちを愛し世話してくれる人々を愛せること。そのような人がいなくなることを嘆くことができること。一般に、愛せること、嘆けること、切望や感謝や正当な怒りを経験できること。極度の恐怖や不安によって、あるいは虐待や無視がトラウマとなって人の感情的発達が妨げられることがないこと〔このケイパビリティを擁護することは、その発達にとって決定的に重要である人と人との様々な交わりを擁護することを意味している〕）、⑥**実践理性**（良き生活の構想を形作り、人生計画について批判的に熟考することができること〔これは、良心の自由に対する擁護を伴う〕）、⑦**連帯**（Ａ　他の人々と一緒に、そしてそれらの人々のために生きることができること。他の人々を受け入れ、関心を示すことができること。様々な形の社会的な交わりに参加できること。他の人の立場を想像でき、その立場に同情できること。正義と友情の双方に対するケイパビリティを持てること〔このケイパビリティを擁護することは、様々な形の協力関係を形成し育てていく制度を擁護することであり、集会と政治的発言の自由を擁護することを意味する〕　Ｂ　自尊心を持ち屈辱を受けることのない社会的基盤をもつこと。他の人々と等しい価値を持つ尊厳のある存在として扱われること。このことは、人種、性別、性的傾向、宗教、カースト、民族、あるいは出身国に基づく差別から護られることを最低限含意する。労働については、人間らしく働くことができること、実践理性を行使し、他の労働者と相互に認め合う意味のある関係を結ぶことができること）、⑧**自然との共生**（動物、植物、自然界に関心を持ち、それらと拘わって生きること）、⑨**遊び**（笑い、遊び、レクリエーション活動を楽しむこと）。⑩**環境のコントロール**（Ａ　**政治的**　自分の生活を左右する政治的選択に効果的に参加できること。政治的参加の権利を持つこと。言論と結社の自由が護られること。Ｂ　**物質的**　形式的のみならず真の機会という意味でも、〔土地と動産

の双方の〕資産を持つこと。他の人々と対等の財産権を持つこと。他者と同じ基礎に立って、雇用を求める権利を持つこと。不当な捜索や押収から自由であること)」（Martha C. Nussbaum（池本幸生・その他訳）『女性と人間開発―潜在能力アプローチ―』岩波書店、2005年、92-95頁）。

5) ここでは、援助と支援の意味の違いを考慮して、支援の言葉を使用する。つまり、福祉利用者を物事の中心に据えたとき、「援助」という概念には、援助者側からの一方的で上から福祉利用者を見下す上下関係としての（たすけ「援け、助け」）の構造がある。一方、「支援」という概念には、福祉利用者の意志を尊重し支え、その上で協力を行うという、福祉利用者主体の考え方が内在している。Bill, worrel（河東田博・その他訳）『ピープル・ファースト：支援者のための手引き』（現代書館、1996年、92頁）。
6) アマルティア・セン（鈴村興太郎訳）『福祉の経済学』（岩波書店、1988年、41-42頁）。
7) セン、前掲書、21-22頁。
8) セン、前掲書、22頁。
9) 横田、前掲書。西川潤著『人間のための経済学』（岩波書店、2000年、288-309頁）。
10) 横田、前掲書、23頁。
11) 横田、前掲書、24頁。
12) 横田、前掲書、99頁。
13) 西川、前掲書、291頁。横田洋三・その他監修『人間開発報告書1990―人間開発の概念と測定―』（国際協力出版会、1990年、8頁）。
14) 西川、前掲書、291頁）。
15) セン（池本幸生・その他訳）『不平等の再検討』（岩波書店、1999年、210頁）。
16) 西川、前掲書、292頁。
17) 西川、前掲書、292頁。
18) 人間開発指標については、西川の説明に依拠している（西川、前掲書、293-296頁）。
19) セン、前掲書。
20) セン（池本幸生・その他訳）、前掲書、117-133頁。川本隆史著『ロールズ』（講談社、2005年、128-129頁）。
21) 西川、前掲書、302頁。セン（池本・その他訳）、前掲書、117-133頁。
22) 西川、前掲書、302頁。セン（池本・その他訳）、前掲書、17-46頁。
23) 西川、前掲書、303頁。
24) 西川、前掲書、303頁。
25) 西川、前掲書、303頁
26) 西川、前掲書、307頁。
27) 西川、前掲書、307頁。
28) 西川、前掲書、308頁。
29) 西川、前掲書、308頁。

4. 福祉利用者の生活水準

(1) はじめに

　社会福祉支援[1]を社会福祉実践（社会福祉労働）していく場合、多様な社会問題としての福祉利用者の社会福祉問題（必需的な生活手段〔所得・生涯教育等〕の不足・欠如と生活手段の不足・欠如から関係派生的に生成してきた福祉利用者が生きている限り続けなければならない福祉利用者の人間らしい健康で文化的な生活活動〔機能〕の基盤である潜在能力＝ケイパビリティ〔抽象的人間生活力＝人間が生活の際に支出する脳髄・神経・筋肉等を意味する・抽象的人間労働力＝人間が労働の際に支出する脳髄・神経・筋肉等を意味する〕の維持・再生産・発達・発揮の阻害〔福祉利用者の潜在能力の不足・欠如〕の社会福祉問題）を担った福祉利用者の生活水準をどのように評価していくかが重要である。しかし、現実に展開されている社会福祉実践論及び社会福祉労働論においては、根本的なレベルにおいて突っ込んだ議論が不足しているように思われる。社会福祉支援と称される一連の行為（社会福祉実践・社会福祉労働）が、支援をする側の独善的なものになり、或いは寧ろ害（例えば、本人の為という理由で、認知高齢者を寝台に縛り付ける虐待を行う等）になる可能性を常に秘めている事を考えれば、福祉利用者の多様な状況（状態）に応じた社会福祉の手段と社会福祉の目的に関する基礎的な評価作業を怠ってはいけないと考える。

　ここで考察していきたい事は、生活手段の保障と福祉利用者の人間らしい健康で文化的な生活活動（機能）の基盤である潜在能力（抽象的人間生活力・抽象的人間労働力）の維持・再生産・発達・発揮を巡ってし

ばしば用いられる生・活・水・準・と言う概念である。取り分け、それぞれの市町村で生活している福祉利用者の人間らしい健康で文化的な生活活動（機能）の基盤である潜在能力（抽象的人間生活力・抽象的人間労働力）の維持・再生産・発達・発揮は実に多様であり、地域・文化の異なる生活条件の優劣を一つの指標（所得等の生活手段）で評価するのには疑問を持っている。しかし、現実の社会福祉の対象を確定する際に、優先順位を正当化する何らかの比較可能な指標を必要とする。地域・文化の相対性を重んじるあまり、特定の価値に基づく共通概念の適用、あるいはその数量化や指標化を一方的に拒否するのは現実的ではない。寧ろ自らの価値評価を自覚した上で多様な生活（福祉利用者の人間らしい健康で文化的な生活活動〔機能〕の基盤である潜在能力〔抽象的人間生活力・抽象的人間労働力〕の維持・再生産・発達・発揮）のあり方を包摂しうるような概念の構築と、その操作化に努めるのが望ましく、また現実的な姿勢であると思われる。

　筆者がこのような問題意識を持つようになったのは、筆者の故郷である離島（奄美徳之島）において、次のような疑問に突き当たったからである。つまりそれは、都会と比較すると所得（生活手段）が低い離島で一見、不自由のない暮らし、しかも長生きしている人々を単に所得が低い事を根拠に「貧しい」と定義する事への疑問である。そして、それぞれの市町村における暮らしぶりの異なる福祉利用者の生活を、あるいは同じ市町村の中で多様な生活様式を営んでいる福祉利用者の生活の質を比較する基準は有るのだろうかと言う疑問である。

　ここでは、効用・基本財の保有・ケイパビリティ・アプローチを手掛かりとして、社会福祉支援（社会福祉実践・社会福祉労働）における生活水準の評価の在り方を根源的に考察していきたい。何故ならば、社会福祉の法制度等の生活手段を福祉（生活目的）に転換していく場合、福祉利用者の享受ケイパビリティ等が人間らしい健康で文化的な生活活動（機能）の基盤である潜在能力（抽象的人間生活力・抽象的人間労働力）

の維持・再生産・発達・発揮にとって迚も重要になるからである。

(2) 効用・基本財・ケイパビリティ・アプローチの特徴と問題点

これまでの生活水準の評価においては、効用・基本財の保有・ケイパビリティ・アプローチ等があった。以下では、これらのアプローチの特徴と問題点を考察していく。

①効用アプローチ

効用に重点を置いた評価の例としてベンサムに端を発する功利主義が挙げられる[2]。この立場は、評価の手続きとしては生活事態の善し悪しを具体的な結果から判断し、評価の単位は効用のみとし、評価の方法は各人の効用を足し合わせると言うものである。所謂ベンサムの「最大多数の最大幸福」の格言に示されているように、人々の幸福や満足と言った主観的な効用を基に、快楽や苦痛を計測し、快楽をより多く、苦痛をより少なく行動する個人の状態を事実として認める事である。さらに効用の特徴を述べると、効用について経済学者の間で次のような合意が得られている。効用とはその人の選好（欲求）を充足する単位であり、効用の個人間比較は基本的に不可能で、効用の増減は序数的にのみ評価できると言うものである。そして、効用による評価方法上の特徴は、効用を重視する為に被評価者の主観的な判断で生活事態の望ましさが決定される事である。つまり、本人の生活状態（効用レベル）は本人にしか分からないし、本人が判断するのが最も望ましいと言う立場である。

そして、この立場からすれば、人々が快楽を最大化し、苦痛を最小化するように行動し、結果としての効用が量的に計測可能であれば、社会的な福祉は、人々の若干の差異はあっても、全体の福祉を最大化する事こそが功利主義の原理に合うものであり、またそれは、市場のみならず社会全体においても正義に叶う倫理的規範であり、福祉条件であった[3]。確かにこの功利主義は、分配における不平等よりも総和を最大にする事

に関心を集中し（総和主義）、権利、自由、その他の非功利的な関心事よりも快楽や幸福等の精神的特性に関心を寄せる主観主義に依存し（効用主義）、そして、結果以外にも重大なものがありうると言う規範的理論の傾向を否定して、選択（行動、ルール、制度など）はその結果によって判断される（帰結主義）と言う特徴を持っていた[4]。

　しかし、アマルティア・センは、こうした偏執した考え方に対して、次のように批判した。「合理的行動に関する効用の経済理論は、ときとして過大の構造をもつかどうかで批判される。人間は現実にはもっと『単純』なのだというわけである。しかし、これまでのわれわれの議論が正しいとすれば、実際はその反対である。伝統的な理論はあまりにも僅かな構造しかもっていないのである。そこでは人間は単一の選好順序をもつと想定され、必要が生じたときにはその選好順序が、彼の利害関心を反映し、彼の厚生を表し、何をなすべきかについての彼の考えを要約的に示し、そして彼の実際の選択と行動を描写するものだと考えられている。たった一つの選好順序だけをもって果たしてこれだけの事ができるだろうか。確かに、そのようにして人間は、その選択行動において矛盾を顕示しないという限定された意味で『合理的』と呼ばれるかもしれない。しかしもしその人が〔選好、選択、利益、厚生といった〕まったく異なった諸概念の区別を問題にしないのであれば、その人はいささか愚かであるに違いない。純粋な経済人は、事実、社会的には愚者に近い。しかしこれまでの経済理論は、そのような単一の万能の選好順序後光を背負った合理的な愚か者（rational fool）に占領され続けてきたのである。人間の行動に関係する〔共感やコミットメントのような〕他の異なった諸概念が働く余地を創り出すためには、われわれはもっと彫琢された構造を必要とする[5]。」つまり、人間は単一の効用のみで行動するのではなく、共感（共感とは、他人が虐待を受けている事実を知って、心を痛める事）やコミットメント（コミットメント〔commitment〕とは、自分の福祉が下がることを知った上で、敢えて自分が価値を認める行動を

選択する事）でもって行動する事を看過している事である。
②基本財の保有アプローチ
　基本財の保有アプローチの例は、ロールズの「公正としての正義」論が挙げられる[6]。ロールズは次のように述べる。分配における格差が正義に叶っているのは、「より幸運な人々の利益が最も不運な人々の福利を促進する場合、幸運な人々の利益の減少が最も不運な人々の生活状態を現在よりも一層悪化させる場合、したがって、最も不運な人々の人生の見通しが可能なかぎり大きなものである場合に、……完全に正義にかなっている[7]」と述べる。それは、効率性の原理をも考慮した上で、平等な分配の原理と調和させるような、不利益な人々へのマキシミン原理の可能な限りの引き上げを旨とする提案でもあった。その際、人々の利益は、人々が保有する事に意義を認めている基本財で判断され、そして、その基本財には、自由や機会、所得や富、健康や知的教養、自尊心を含んでいる点で特徴的であった[8]。
　そして、ロールズは、効用の最大化がそもそも社会の目標として、相応しいかどうかについて、次のような否定的な考え方を示す[9]。つまり、社会的に望ましくない効用の例として、二つ挙げている。一つは攻撃的嗜好であり、もう一つは贅沢嗜好である。前者は、他人の自由を著しく制約するような行動を喜びとする事である。例えば、自分が住んでいる地域に、自閉症施設の建設を反対する一方において、所有地の自己資産価値の値上がりを喜びとする事である[10]。後者は、贅沢な嗜好が満たされないと効用が著しく低下する人物に資源を余分に分配する事も正義に反する事である。例えば、生活保護の受給家庭で、贅沢な嗜好が満たされないと効用が低下する夫が他の家族員よりも生活保護費を多く使う場合である。
　こうしたロールズの生活水準の評価は、功利主義の持っていた効用主義の主観主義から、人々の権利、自由と機会、所得と富、自尊心等の客観主義的なものに考え方を転換させ、結果や成果における不平等から、

機会や自由における不平等へと関心を向けさせる事になった点において評価できるが、全く問題がない訳ではない。つまり、アマルティア・センが指摘されているように、基本財の保有は、福祉と自由に重要な関係を持っている事は確かだとしても、それらを直ちに福祉的自由と同一視する事は基本的な問題点が内在していると言える。と言うのは、人間の持つ多様性や、両者を結びつける多元的な媒介条件を考慮しない点で重大な問題点が存在している。福祉と自由は、これらの媒介条件に含まれる様々な条件、例えば、個人間の異質性、環境の多様性、社会環境の変化、関係についての考え方や家庭内の分配の相違等、個人責任に帰す事が出来ない事柄や不確実な予期できない変化等、広範な変化の影響を受けるのであり、譬えそれら基本財ないし機会が与えられたとしても、人の機能（機能とは、人々がすでに達成している状態の有り様を機能と呼ぶ）に変換でき、選択する自由に結びつける事ができるかどうかは十分な考慮が必要なのである[11]。

③ケイパビリティ・アプローチ

アマルティア・センは、生活水準（福祉水準）をロールズのように基本財の保有状態だけで評価するのは妥当でないとし、基本財の量の過不足だけでなく、それらの基本財の特性（固有価値）を機能に転換させる能力も合わせて評価されるべきだと強調した。こうした視点によって、現在の「福祉政策を考える場合、最も重要な理念として、平等を挙げる事ができるが、それは、社会的資源の分配、その利益配分に関するもので、資源と機会をいかに平等化するかという事を意味する[12]」と言う指摘の基本財の側面のみの生活水準の評価に疑問を持つ事ができる。

つまり、アマルティア・センのケイパビリティ・アプローチは、基本財そのものでも、その結果生じる効用でもなく、人間の機能、その在り方及び生き方に重点を置いているのである。そして、潜在的に達成可能な種々の機能の広がりをケイパビリティと呼んだ。アマルティア・センによれば、このケイパビリティこそ、生活水準を最も反映した評価の次

元であり、その拡大こそ福祉の目的とした。そして、財（手段）の特性（固有価値）を機能の実現（成就）へと移す変換の時には、多様な個人的及び社会的な要因に注目すべきだとした。例えば、「栄養摂取の達成という場合には、この変換は、①代謝率、②体のサイズ、③年齢、④性（女性の場合には、妊娠しているか否か）、⑤活動水準、⑥（寄生虫の存在・非存在を含む）医学的諸条件、⑦医療サービスのアクセスとそれを利用する能力、⑧栄養学的な知識と教育、⑨気候上の諸条件、などの諸要因に依存する。社会的な行動を含む機能の実現や、友人や親戚をもてなすという機能の実現の場合には、この変換は、①ひとが生活する社会で開かれる社交的会合の性格、②家族や社会におけるひとの立場、③結婚、季節的祝宴などの祝宴や葬式などその他の行事の存在・非存在、④友人や親戚の家庭からの物理的距離などの要因に依存する……[13]」等である。それ故、人は同じレベルの基本財（手段）を保有していても、同じ機能の達成は保証されない。つまり、基本財（手段）の特性（固有価値）を機能へと実現（成就）させるケイパビリティが人によって、あるいはその人の置かれている地域環境・社会環境によって異なるからである。同じ所得であっても、その人が基礎的な福祉・教育・医療等にアクセスを持っているかどうかに依存するし、同じカロリーを摂取していても、その人の労働量、体の大きさ、性別、年齢、健康状態等によって「栄養を満たす」と言う機能が達成されているかどうかはわからない。つまり、財（手段）の特性（固有価値）を望ましい価値に変換するケイパビリティが多様な個人的・地域的・社会的条件に制約されているのである。

そして、社会福祉の領域において使用されている福祉ニーズに対する批判も、財（手段）の特性（固有価値）を「変換する能力」との関連で次のように行っている。アマルティア・センは、所得（手段）の枠組みを超えて人間の基本的な生存能力に焦点を当てる点において、福祉ニーズは一見、ケイパビリティ・アプローチと類似しているものの、次のような相違点があると指摘する[14]。第一に、福祉ニーズは、あくまでも

財によって定義されるが、ケイパビリティはその財の利用能力も含めて定義される事。第二に、ある福祉ニーズが基本的なものかどうかは地域によって相対的なものであるので、財（手段）の基本性は定義しにくくなる。例えば、嫁が介護するのは当然だと言う意識の高い人々が多い市町村では、介護保険による介護ニーズが基本的であるかどうかは相対的なものである為、財の基本性は定義しにくくなる。第三に、福祉ニーズと言う言葉は受動的であって、その人に何がしてあげられるかと言う点が注目されるのに対して、ケイパビリティ・アプローチは、その人に何ができて、何ができないか、と言う自由で能動的な人の位置づけが可能になる事。第四に、武川正吾氏が指摘されているように、「ニードという言葉を用いると、社会福祉や社会政策に関する議論を私たちの日常生活から切り離してしまうことになりかねない。というのは、ニードという言葉は必要と違って、私たちが日常生活のなかでは用いない言葉であるからだ。私たちは『休息が必要だ』という言い方はするが、『休息に対するニードがある』という言い方はしない[15]。」

　ところで、アマルティア・センはこのケイパビリティをいかなる方法で評価しようとしているのであろうか。人間のケイパビリティを直接評価できないとアマルティア・センは言う。しかし、達成された機能の方はその評価が一部可能であり、しばしば所得（手段）を測定するよりも容易、かつ妥当な指標である事を指摘している。例えば、平均余命を用いる事を指摘している。平均余命は、確かに生活の質のごく一部を反映した断片的な指標でしかないが、その算出には死亡率、病気率、飢餓率等の福祉に関わる重要な要素が含まれる事から、あくまでも媒介手段である所得より直接的な生活水準の指標であると考えられる。そして、その例として、センはニューヨークのハーレムに住む黒人がバングラデッシュの農民よりも実質的に高い平均所得（手段）を得ているにもかかわらず、65歳まで生存する可能性を比較した場合にバングラデッシュの農民の方が長生きしている事実を示し、人間のケイパビリティに注目す

る必要性を強調している。また、この人間のケイパビリティに注目した「人間開発」の概念の発展・普及に強く影響し、前述したように1990年に国連開発計画が作成した「人間開発指標」の概念的基礎を提供する事になった[16]。

　アマルティア・センの議論を社会福祉と関連して要約すると、アマルティア・センによれば社会福祉とは即ち、福祉利用者のケイパビリティを拡大する事である。つまり例えば、社会福祉の法制度等の存在そのものは生活手段にすぎず、福祉（well-being）が図られているかどうかは、社会福祉の法制度等の特性（使用価値）を活かして、福祉利用者が実際に成就するもの―彼/彼女（福祉利用者）の「状態」(being)はいかに「よい」(well) ものであるか―に関わっている[17] ので、また福祉利用者が置かれている個人的・地域的・社会的条件は多様であるから、社会福祉の法制度等のみの評価に固執すると、生活手段を福祉（well-being）の生活目的に変換する生活手段の不足・欠如から関係派生的に生成してきた生活活動（機能）の基盤である潜在能力（人間らしい健康で文化的な抽象的人間生活力・抽象的人間労働力）の維持・再生産・発達・発揮の阻害（福祉利用者の潜在能力の不足・欠如）を見過ごしてしまう。それゆえ生活水準の評価は人間らしい健康で文化的な社会福祉の法制度によるサービスの生活手段の量的及び質的保障の側面と、生活手段の特性（使用価値）を活かして、福祉利用者が人間らしい生活が可能になるような生活活動（機能）の支援（労働）の側面の統一的視点を基礎に行わなければならないと言える。

　しかし、アマルティア・センのケイパビリティ・アプローチには全く問題点がないと言う訳ではない。問題点は少なくとも二つある。一つは、ケイパビリティの集計を巡る問題である。もう一つは、評価の主体を巡る問題である。

　前者においては、個人レベルと共同体レベルが考えられるが、アマルティア・センが想定しているレベルは殆ど個人レベルであり、しかも個

人のある一つの能力が説明の対象になっている。しかし、個人は通常、複数の種類のケイパビリティを持ち、その中から選択して機能を実現する。したがって、諸能力間の相互関係が明らかにされないと、総合的に見てその個人のケイパビリティが拡大しているのか、そうでないのかの評価が難しくなる。次に共同体レベルのケイパビリティの集計を考えてみよう。共同体レベルから潜在能力を考える場合、単に個人の集計に限定されるのではなく、集団としての共同体に固有の機能・能力も視野に入れる必要がある。つまり、個人の能力もさる事ながら、その人が生活している共同体の纏まりや力及び集団での相互作用が個々の人の生活の質に深く関係してくる。そして、特定のケイパビリティ（地域福祉活動への参加能力等）を福祉教育によって拡大しようとする場合、集合的な能力と個人の能力のどちらにウエイトをおいてどのように働きかけるかと言った対象単位の考慮は重要であるし、特別養護老人ホームが建設される事により葬儀社の車が往来する事によって、所有地の資産価値の低下を心配している一部の個人の利益と共同体の利益に対立が生じた場合、どちらを優先するかと言う問題もある。しかし、残念ながらアマルティア・センはこの点に触れていない。

　後者においては、生活水準の基礎となる評価の担い手が多くの場合、例えば、福祉利用者自身ではなく社会福祉労働者や社会福祉支援者であるからである。そして、この場合に問題になるのは、社会福祉支援者・社会福祉労働者と福祉利用者との間に、生活水準の現状評価、そしてそれに基づく社会福祉支援（社会福祉労働）計画に認識のズレが生じた時である。ここでは、議論の出発点として、まず社会福祉支援（社会福祉労働）の方向を巡る生活水準の評価に携わるのは社会福祉支援者・社会福祉労働者に限られるべきなのか、それとも社会福祉支援（社会福祉労働）の対象である福祉利用者も担うべき一定の役割を持っているのか、と言う問題を考察しておこう。この問題が重要なのは、最近、福祉利用者の参加や自己選択・自己決定が強調されている風潮の中で（福祉利用

者の自己選択・自己決定は重要であるが)、社会福祉支援者・社会福祉労働者の役割が曖昧になってきていると思われるからである。ここで敢えて単純に、評価者を当事者と当事者外に分類して、それぞれの利点と問題点を整理してみる。まず当事者が評価を行う利点は、社会福祉支援(社会福祉労働)を享受する側の立場から、社会福祉支援(社会福祉労働)の実施がもたらす生活水準での変化の意味について最も敏感で、より享受しやすい変化について現実的な提言を行いうる立場にある事、また、自らの生活水準の方向性について自己選択・自己決定を行う権利を有している事である。一方、問題点とは、当事者が必ずしも自らの生活水準を客観的に評価するのに相応しくない事がある事等である(この意味では、当事者外も積極的な役割を果たす余地があると言える。しかし、当事者外が生活水準を客観的に評価する事に優れている場合であっても、そのような営みの実質的な意味付けはあくまでも当事者自身が行うものであり、当事者自らの目で見た生活水準の発展と意義を認識する必要がある)。ケイパビリティ・アプローチを生活水準に適用するには、当事者が中心とならなければならないが、しかし、当事者外の役割を完全に否定するものではない。そして、当事者外の側は、常に当事者の側との合意の範囲において、その時々の生活水準の目標を追求すべきである。

(3) ケイパビリティ・アプローチに基づく社会福祉の課題

ケイパビリティ・アプローチに基づく社会福祉の課題は、どのような事が考えられるだろうか。次のような社会福祉の課題が考えられる。

アマルティア・センのケイパビリティ・アプローチは、多様性を持った社会福祉利用の福祉利用者の生活水準の評価において、そのような多様性及び異質性を十分考慮に入れる事であって、一つの同質的な測定基準としての生活手段(例えば、所得等)のみに焦点を当てたり、ましてや効用や基本財の保有のみの評価を批判的に克服する事であった。また、

多元的なケイパビリティに関係する生活手段の補完的情報を活用する事である。それらには、人の生死に関係する決定的なものもあれば、効用や基本財の保有等では捉えられない疾病率、識字率、所得（年金等）の水準、失業の有無、良質な住宅、綺麗な水など福祉利用者の生活の質に関係する様々なものが含まれる。そしてそれらは、市場によって提供されるものもあれば、公共財、家族内や地域の共同体的な慣行、さらにボランティア活動や非営利活動等によって提供されるものもある。その際、ケイパビリティ・アプローチによって生活手段の情報基礎を拡大し、理性的存在としての福祉利用者の判断に基づくならば、様々に異なる情報源を、個々別々にあるいは統合して用いる事によって生活水準が高まっていくのである。

　しかも重要な事は、福祉利用者は社会福祉支援（社会福祉労働）においては客体であるばかりでなくその主体でもある事である。つまり、社会福祉支援者・社会福祉労働者にとって福祉利用者は客体であるが、福祉利用者にとって生活手段や社会福祉支援者・社会福祉労働者は客体である。と言うのは、福祉利用者にとって、生活手段や社会福祉支援者・社会福祉労働者との関係において、主体者として主体的にそれらの使用価値を活用して、人間らしい健康で文化的な生活活動（機能）の基盤である潜在能力（抽象的人間生活力・抽象的人間労働力）の維持・再生産・発達・発揮を成就しうるには、福祉利用者の側に生活手段や社会福祉支援者・社会福祉労働者等についての受動的・享受能力（ケイパビリティ）と能動的・評価能力（ケイパビリティ）が形成され（アマルティア・センの共同研究者であるマーサC.ヌスバウム氏は、機能と密接な関係があるケイパビリティを次のように指摘している。「①**生命**（正常な長さの人生を最後まで全うできること。人生が生きるに値しなくなる前に早死にしないこと）、②**身体的健康**（健康であること、そしてリプロダクティブ・ヘルスを含む。適切な栄養を摂取できていること。適切な住居にすめること）、③**身体的保全**（自由に移動できること。主権者

として扱われる身体的境界を持つこと。つまり性的暴力、家庭内暴力を含む暴力の恐れがないこと。性的満足の機会および生殖に関する事項の選択の機会を持つこと)、④**感覚・想像力・思考**（これらの感覚を使えること。想像し、考え、そして判断が下せること。読み書きや基礎的な数学的訓練を含む。もちろん、これだけに限定されるわけではないが、適切な教育によって養われた〝真に人間的な〟方法でこれらのことができること。自己の選択や宗教・文学・音楽などの自己表現の作品や活動を行うに際して想像力と思考力を働かせること。政治や芸術の分野での表現の自由と信仰の自由の保障により護られた形で想像力を用いることができること。自分自身のやり方で人生の究極の意味を追求できること。楽しい経験をし、不必要な痛みを避けられること)、⑤**感情**（自分自身の周りの物や人に対して愛情を持てること。私たちを愛し世話してくれる人々を愛せること。そのような人がいなくなることを嘆くことができること。一般に、愛せること、嘆けること、切望や感謝や正当な怒りを経験できること。極度の恐怖や不安によって、あるいは虐待や無視がトラウマとなって人の感情的発達が妨げられることがないこと、このケイパビリティを擁護することは、その発達にとって決定的に重要である人と人との様々な交わりを擁護することを意味している)、⑥**実践理性**（良き生活の構想を形作り、人生計画について批判的に熟考することができること〔これは、良心の自由に対する擁護を伴う)、⑦**連帯**（Ａ　他の人々と一緒に、そしてそれらの人々のために生きることができること。他の人々を受け入れ、関心を示すことができること。様々な形の社会的な交わりに参加できること。他の人の立場を想像でき、その立場に同情できること。正義と友情の双方に対するケイパビリティを持てること、このケイパビリティを擁護することは、様々な形の協力関係を形成し育てていく制度を擁護することであり、集会と政治的発言の自由を擁護することを意味する）　Ｂ　自尊心を持ち屈辱を受けることのない社会的基盤をもつこと。他の人々と等しい価値を持つ尊厳のある存在として扱われ

ること。このことは、人種、性別、性的傾向、宗教、カースト、民族、あるいは出身国に基づく差別から護られることを最低限含意する。労働については、人間らしく働くことができること、実践理性を行使し、他の労働者と相互に認め合う意味のある関係を結ぶことができること)、⑧**自然との共生**（動物、植物、自然界に関心を持ち、それらと拘わって生きること)、⑨**遊び**（笑い、遊び、レクリエーション活動を楽しむこと）。⑩**環境のコントロール**〔**A　政治的**　自分の生活を左右する政治的選択に効果的に参加できること。政治的参加の権利を持つこと。言論と結社の自由が護られること。**B　物質的**　形式的のみならず真の機会という意味でも、土地と動産の双方の資産を持つこと。他の人々と対等の財産権を持つこと。他者と同じ基礎に立って、雇用を求める権利を持つこと。不当な捜索や押収から自由であること」Martha C. Nussbaum〔池本幸生・その他訳〕『女性と人間開発—潜在能力アプローチ—』岩波書店、2005年、92‐95頁）、それが引き出されなければならない事を示唆しているし、その事が課題でもある。

　以上、アマルティア・センのケイパビリティ・アプローチを踏まえて社会福祉支援・社会福祉労働における福祉利用者の生活水準の問題を考える場合、次のように考えるのが妥当だろう。つまり、社会福祉支援・社会福祉労働における福祉利用者の生活水準の問題を考える場合、所得も含めた生活手段の不足・欠如の生活水準の問題の側面と生活手段の不足・欠如から関係派生的に生成してきた福祉利用者の生活活動（機能）の基盤であるケイパビリティの不足・欠如の生活水準の問題の側面の統一的視点が重要であり、しかも両者の関係（機能）にも注目していく必要があると言える。前者の問題は、例えば停年をした高齢者（労働者）を例として考えると、彼／彼女らは年金等によって得た所得によって、社会福祉労働者が提供する介護福祉サービス（商品）を購入しないと生きていけないところに生活水準の問題の基本的要因が内在していると言える。後者は前者から関係派生的に生成してきた生活水準の問題と言え

る。つまり、貧困者や低所得者が所得（生活手段）等の不足・欠如の為に人間らしい健康で文化的な生活を営んでいく介護福祉サービスを購入できないため虚弱な身体・身体障害や内臓疾患等の生活活動（機能）の基盤であるケイパビリティの不足・欠如になり、食物の特性（固有価値）を活かして栄養バランスのある食物摂取を行う言う行為ができないと言う事である（介護福祉利用の高齢者が栄養の適正な摂取を困難にするような内臓疾患を持っていれば、人間らしい健康で文化的な生活活動〔機能〕の基盤である潜在能力〔抽象的人間生活力・抽象的人間労働力〕の維持・再生産・発達・発揮が可能な量の食物〔生活手段〕を消費しえたとしても、栄養不良に苦しみ、不健康な生活をよぎなくされるかもしれない）。

　それ故、介護福祉を例にして考えれば、多様な介護福祉の利用者の生活水準の問題に注目し（ここに介護福祉の専門性が必要とされる）、しかも生存権的平等保障を根拠[18]として、健康で文化的な生活が可能な所得も含めた生活手段・生活サービスの保障だけでなく、所得も含めた生活手段・生活サービスを介護福祉の利用者が健康で文化的な生活（ケイパビリティ＝潜在能力〔抽象的人間生活力・抽象的人間労働力〕の維持・再生産・発達・発揮の成就）に変換させる生活活動（機能）の基盤であるケイパビリティも合わせて支援していく事が重要であると言える。もし仮に介護福祉利用の高齢者の生活活動の基盤であるケイパビリティが不足・欠如しているのであれば、介護福祉利用の高齢者の前述した生活活動（機能）の基盤であるケイパビリティの補填や向上（発達）が課題となる。

　そして、福祉教育が「日常的な生活課題や福祉課題などについて、個人レベル、家族レベル、地域レベルでの生活・福祉課題の解決力を醸成していくための主体的な学習活動である。また、共生の思想と社会的に疎外される事が多い社会福祉問題との連携から、地域問題、家庭問題などの解決を個人の自助から社会的、意図的な対応・活動として捉え、参

加と協働を促す過程である[19]」とするならば、福祉教育は福祉利用者の生活活動（機能）の基盤であるケイパビリティの養成と向上の実践（社会福祉労働）として重要な社会福祉臨床的実践（社会福祉労働）になりうる。

【注】

1) 本章では、援助と支援の意味の違いを考慮して、支援の言葉を使用する。つまり、福祉利用者を物事の中心に据えたとき、援助と言う概念には、援助者側からの一方的で上から福祉利用者を見下す上下関係としての「たすけ（援け、助け）」の構造がある。一方、「支援」と言う概念には、福祉利用者の意思を尊重し支え、その上で協力を行うと言う、福祉利用者主体の考え方が内在している。Bill ,Worrell., 河東田博・その他訳『ピープル・ファースト:支援者のための手引き』（現代書館、1996年、92頁）。
2) 関嘉彦編『ベンサム,J.S.ミル』（世界の名著49、中央口論社、1976年、81頁）。
3) 小野秀生著『現代福祉と公共政策』（文理閣、2002年、68頁）。
4) 小野、前掲書、69頁。
5) アマルティア・センは、1998年にノーベル経済学賞を受賞した。現在はハーバード大学に勤務している。
6) Sen,Amartya., 大庭健・その他訳『合理的な愚か者』（到草書房、1989年、145-148頁）。
7) Rawls,J., 矢島釣次訳『正議論』（紀伊国屋書店、1979年）。
8) Rawls,J., 田中成明訳『公正としての正義』（木鐸社、1979年、133頁）。
9) Rawls、前掲書、166-167頁。
10) 忍博次著『自立・人間復権の福祉を求めて』（筒井書房、1999年、52頁）。
11) Sen,Amartya., 石塚雅彦訳『自由と経済開発』（日本経済新聞社、2000年、81頁）。
12) 三重野卓「福祉政策の公平・効率性と社会計画」（三重野卓・その他編『福祉政策の理論と実際』東信堂、2000年、17-18頁）。
13) Sen,Amartya.,前掲書、41-42頁。
14) Sen,Amartya., 鈴木興太郎訳『福祉の経済学』（岩波書店、1988年）。
15) 武川正吾著『福祉社会』（有斐閣、2001年、33頁）。
16) 西川潤著『人間のための経済学』（岩波書店、2000年、288-309頁）。
17) Sen,Amartya., 鈴木興太郎訳、前掲書、41-42頁。
18) 真田是「社会福祉の対象」（一番ケ瀬康子・その他編『社会福祉論』有斐閣、1968年、45頁）。
19) 生存権的平等は、「一般国民が、……老齢の原因によって、一時的にせよ、また永久的にせよ、生活が脅かされたときに、労働者や一般国民の基本的な社会的権利として、正常な生活を営めるように、所得の保障あるいは現物のサービスという手段で、国家が措

置」（吉田秀夫著『社会保障入門』労働旬報社、1967年、39頁）しなければならない事を意味する。そして、福祉水準の具体的内容は、「決して固定的なものではなく、通常は絶えず進展向上しつつあるものと考えられるが、それが人間としての生活の最低限度という一線を有する以上、理論的には特定の国における特定の時点において、一応、客観的に決定すべきであり、またしうるものであるということができよう。―中略―その2は、その時々の国の予算の配分によって左右されるべきものではないということである。予算を潤沢にすることによって、最低限度以上の水準を保障することは立法政策としては自由であるが、最低限度の水準は決して予算の有無によって決定されるものではなく、むしろこれを指導支配すべきものである（高野範城著『社会福祉と人権』創風社、2001年、50-53頁）。

5. 社会科学的視点の生活問題

(1) はじめに

　従来の社会問題としての生活問題研究は、法制度及び所得等の生活手段そのものに焦点（重点）を置いて行われていた。そして、最近の貧困論・格差論・アンダークラス論は殆どが結果論であり、貧困や格）等が現代資本主義社会の生産様式の関連の下でどのようにして生成しているかその原因を看過しているものが多い。しかも最近の社会福祉の研究においても、筆者のような社会科学的方法論（弁証法的唯物論及び史的唯物論）における社会問題としての福祉利用者の生活問題（必需的な生活手段〔所得・教育制度等〕）の不足・欠如と生活手段の不足・欠如から関係派生的に生成してきた福祉利用者の人間らしい健康で文化的な生活活動（機能）の基盤である潜在能力〔抽象的人間生活力＝人間が生活活動する際に支出する脳髄・筋肉・神経等の意味・抽象的人間労働力＝人間が労働する際に支出する脳髄・筋肉・神経等の意味〕の維持・再生産・発達・発揮の阻害〔福祉利用者の潜在能力の不足・欠如〕の生活問題）の研究が全く行われていない。社会科学的方法による社会福祉を研究していく場合、社会福祉が対象とする社会問題としての生活問題（外部的条件と内部的条件）を社会科学的に分析していく事が重要である。つまり、現代資本主義社会の生産様式との関連で社会問題としての福祉利用者の生活問題がどのように生成してくるのか、また、外部的条件（生活手段[1]等）と内部的条件（生活主体者の潜在能力〔人間らしい健康で文化的な生活活動＝機能の基盤である抽象的人間生活力・抽象的人間労働力）を統一的に捉えていく事が重要である。何故ならば、社会福祉の

対象の社会問題としての生活問題は現代資本主義社会の生産様式の経済的法則によって必然的に生成してくるもので、それ故に資本主義社会の生産関係（生産関係の性格は、誰が生産手段〔労働手段と原料等の労働対象〕を所有しているかによって決まり、それが土台である）に絶対的に規定された上部構造である国家及び地方自治体等が責任を持って供給していくものである。と同時に、生活手段としての社会福祉労働（社会福祉労働手段も含む社会福祉労働は福祉利用者にとって生活手段であるが、一般的な生活手段と違って、生活手段の享受能力を引き出してくれる特殊な生活手段である）を福祉利用者が実際に享受（消費）していくものである。つまり、生活手段としての社会福祉の保障と多様な潜在能力を持っている福祉利用者の社会福祉の享受的潜在能力等の発揮の保障の両側面を統一して捉えていく事が重要である。実際、社会福祉労働の現場においては外部的条件の保障だけではなく、多様な潜在能力を持っている福祉利用者が生活手段としての社会福祉労働を享受（消費）できるように、社会福祉労働者が専門家としての技能（技術＝介護ロボット等の客観的存在物）を駆使し、福祉利用者の享受的潜在能力を引き出し社会福祉労働の使用価値を享受（消費）していくのを促進している。そして筆者の経験によるものであるが、社会福祉労働者は多様な潜在能力を持っている福祉利用者の享受的潜在能力を引き出す際には、福祉利用者の個人的及び社会的な多様性に注目する事が重要である。例えば、アマルティア・センが指摘されているように、「栄養摂取の達成という場合には、この転換は、①代謝率、②体のサイズ、③年齢、④性（女性の場合には、妊娠しているか否か）、⑤活動水準、⑥（寄生虫の存在・非存在を含む）医学的諸条件、⑦医療サービスのアクセスとそれを利用する能力、⑧栄養学的な知識と教育、⑨気候上の諸条件などの諸要因に依存する。社会的な行動を含む機能の実現や、友人や親戚を持て成すという機能の実現の場合には、この転換は、①ひとが生活する社会で開かれる社交的会合の性格、②家族や社会におけるひとの立場、③結婚、季節

的祝宴などの祝宴や葬式などその他の行事の存在・非存在、④友人や親戚の家庭からの物理的距離などの要因に依存する……[2)]。」等である。それ故、人は同じレベルの生活手段を保有していても、同じ享受（消費）の達成は保証されない。つまり、生活手段の固有価値を享受（消費）へと転換させる潜在能力が生活主体者（福祉利用者）によって、あるいはその生活主体者（福祉利用者）の置かれている地域環境・社会環境によって異なるからである。同じ所得（生活手段）であっても、その人が基礎的な福祉・教育・医療等にアクセスを持っているかどうかに依存するし、同じカロリーを摂取していても、その人の労働量、体の大きさ、性別、年齢、健康状態等によって「栄養を満たす」と言う享受（消費）が達成されているかどうかは分からない。つまり、生活手段の固有価値が望ましい使用価値に転換する生活主体者（福祉利用者）の生活活動（機能）の基盤である潜在能力が個人的・地域的・社会的条件に制約されているのである。

　ここでは、まず社会福祉の対象としての社会問題としての福祉利用者の生活問題が現代資本主義社会の構造的法則としてどのように必然的に生成してくるかを考察し、そして社会問題としての福祉利用者の生活問題の統一的把握（生活手段の不足・欠如と生活手段の不足・欠如から関係派生的に生成してきた福祉利用者の生活活動〔機能〕の基盤である潜在能力〔抽象的人間生活力・抽象的人間労働力〕の維持・再生産・発達・発揮の阻害〔福祉利用者の潜在能力の不足・欠如〕の生活問題の統一的把握）を考察する。

(2) 生活問題の社会的生成と生活問題の統一的把握

　我々は日々の生活過程において生活手段を享受して（消費して）かつ生活活動（機能）の基盤である潜在能力（抽象的人間生活力・抽象的人間労働力）を発揮して生活を行っており、また、日々の生活過程におい

て人間らしい健康で文化的な生活活動（機能）の基盤である潜在能力（抽象的人間生活力・抽象的人間労働力）の維持・再生産・発達・発揮と生産手段・生活手段の生産を行っている。従って、生活とは、享受（消費）過程だけではなく人間及び生産手段・生活手段の生産（労働）過程も含めた総体である。つまり、フリードリヒ・エンゲルスが指摘されているように、「唯物論的な見解によれば、歴史を究極において規定する要因は、直接の生命の生産と再生産とである。しかし、これは、さらに2種類のものから成っている。一方では、生活資料の生産、すなわち衣食住の諸対象とそれに必要な道具との生産。他方では、人間そのものの生産、すなわち種の繁殖がそれである。ある特定の歴史的時代に、ある特定の国の人間がそのもとで生活を営む社会的諸制度は、2種類の生産によって、すなわち一方では労働の、他方では家族の発達段階によって制約される[3]。」

前述のように、人間らしい健康で文化的な生活活動（機能）の基盤である潜在能力（抽象的人間生活力及び抽象的人間労働力）の維持・再生産・発達の成就と発揮（消費）の前提となる物質は、生活手段と生産手段に分けられる。人間は労働（機能）の基盤である抽象的人間労働力を用いて、自然を人間的に作り変えていく事ができ、人間の本質的な要素である。従って、今日の人間としての生活は、生活手段・生産手段の生産・再生産と同時に、人間の生活活動の基盤である人間らしい健康で文化的な潜在能力（抽象的人間生活力及び抽象的人間労働力）の維持・再生産・発達の成就と発揮（消費）の過程を常に伴っているのである[4]。

ところで、現代資本主義社会の生活様式における生活手段（貨幣や教育制度等）の享受（消費）過程と人間の生活活動（機能）の基盤である人間らしい健康で文化的な潜在能力（抽象的人間生活力及び抽象的人間労働力）の維持・再生産・発達・発揮の成就の過程は、前述した資本主義社会の特徴を参照して述べるならば、次のような特徴を持つ。つまりそれは、宮本みち子氏が指摘されているように、「生産の中核が資本制

生産（資本・賃労働関係）に基づき、利潤を目的とする大規模商品生産に組み込まれた社会である。人間と社会の再生産に必要とされるあらゆる物質が、商品として生産される市場で売買されるのみならず、人間の労働力自体が商品化する（賃労働）ところに、この生産様式の特徴は存在する。生産手段を奪われた労働者階級は、生活手段を自ら生産することができなくなった。そのため、自己の労働力商品を売り、賃金を得て生活手段を購入せざるをえない[5]。」し、生活手段を購入できなければ、労働者階級に属する人の生活活動（機能）の基盤である人間らしい健康で文化的な潜在能力（抽象的人間生活力及び抽象的人間労働力）の維持・再生産・発達・発揮も不可能である。従って、社会問題としての福祉利用者の生活問題とは、後述するように相対的過剰人口と恐慌（資本主義的蓄積の発展は必然的に社会の消費力を越える生産の拡張を生み出し、その結果、周期的に販売しえない商品が溢れるようになる。過剰生産の結果、資本の再生産過程が麻痺し、価格の崩落・企業の倒産と集中・生産力の破壊・失業と賃金きり下げ等をもたらす）によって生成する失業、不安定就労、低所得、疾病、家庭欠損、障害・負傷等によって生活手段（貨幣及び教育制度等）の不足・欠如と生活手段の不足・欠如から関係派生的に生成してきた人間らしい健康で文化的な生活活動（機能）の基盤である人間らしい健康で文化的な潜在能力（抽象的人間生活力及び抽象的人間労働力）の維持・再生産・発達の成就や発揮（消費）の阻害（福祉利用者の潜在能力の不足・欠如）の生活問題を意味するものである。そして、社会問題としての生活問題を担った人（福祉利用者）は、労働者階級や中間階級等の相対的過剰人口に属している人々であると言える。つまり、社会問題としての福祉利用者の生活問題には階級的生活問題と階層的生活問題がある。

では、こうした社会問題としての福祉利用者の生活問題は主にどのような社会的原因で生成してくるのであろうか。まず階級的生活問題であるが、現代資本主義社会における資本[6]は、物質的生産において剰余

価値及び特別剰余価値[7]による独占資本の蓄積を行うのであるが、この資本の蓄積過程はカール・マルクスが次のように指摘されている。資本主義社会の下では、生産力が増えるにつれて、「資本の有機的構成や資本の技術的形態の変化はますます速くなり、また、ある時は同時に、ある時は交互に、この変化に襲われる生産部面の範囲は広くなる。だから労働者人口は、それ自身が生み出す資本蓄積につれて、ますます大量にそれ自身の相対的過剰化の手段を生み出すのである[8]。」「社会的な富、現に機能している資本、その増大の規模とエネルギー、したがってまたプロレタリアートの絶対的な大きさとその労働の生産力、これらのものが大きくなればなるほど、産業予備軍も大きくなる。自由に利用されうる労働力は、資本の膨張力を発展させるのと同じ原因によって発展させられる。つまり、産業予備軍の相対的な大きさは富の諸力といっしょに増大する。しかしまた、この予備軍が現役労働者に比べて大きくなればなるほど、固定した人口はますます大量になり、その貧困はその労働苦に正比例する。最後に、労働者階級の極貧層と産業予備軍とが大きくなればなるほど公認の受救貧民層もますます大きくなる。これが資本主義的蓄積の絶対的な一般法則である[9]。」(傍点、筆者) そして、「資本が蓄積されるにつれて、労働者の状態は、彼の受ける支払いがどうであろうと、高かろうと安かろうと、悪化せざるをえないということになるのである。……、相対的過剰人口または産業予備軍をいつでも蓄積の規模およびエネルギーと均衡を保たせておくという法則は、ヘファストスのくさびがプロメテワスを岩に釘づけにしたよりももっと固く労働を資本に釘づけにする。だから、一方の極での富の蓄積は、同時に反対の極での、すなわち自分の生産物を資本として生産する階級の側での、貧困、労働苦、奴隷状態、無知、粗暴、道徳的堕落の蓄積なのである[10]。」そして、この相対的過剰人口は、基本的には3つの形態(流動的過剰人口[11]、潜在的過剰人口[12]、停滞的過剰人口[13])として存在するが、社会問題としての生活問題を担った人は相対的過剰人口の内に含まれている

のであって、労働者階級や中間階級等の生活問題は、相対的過剰人口とともに富の資本主義的な生産及び発展の一つの必須条件となっていのである。

このように、労働者階級や中間階級等に属している福祉利用者の社会問題としての生活問題の生成は、現代資本主義社会の構造的法則そのものの直接的な表現である。そして、福祉利用者は、生産手段・生活手段からも自由である（絶対的貧困）。それ故、唯一所有している労働力の使用権の販売によって賃金（生活手段）を獲得しなければ自らの人間らしい健康で文化的な生活活動（機能）の基盤である人間らしい健康で文化的な潜在能力（抽象的人間生活力・抽象的人間労働力）の維持・再生産・発達・発揮の成就が不可能であるところに生活問題の根本問題がある（特に障害のある人は労働力の欠損者として見なされている為に失業率が高く、社会福祉の必要性は高い[14]）。そして、資本の蓄積及び拡大は、相対的過剰人口が存在しなければ不可能である。と言うのは、「資本の蓄積は、沈滞・好況・繁栄及び恐慌という産業循環を経ながら行われる。そして資本の蓄積は、好況・繁栄の時期には突然大規模に行われる。ところが資本の蓄積及び生産拡大が突然大規模に行われる為には、大量の労働力が生産過程に存在しなければならない。しかし、人口の自然増加によってこの膨大な労働力を突然供給することは不可能である。急速で大規模な生産拡張が可能なのは、全く相対的過剰人口が常に存在するからである[15]」この点と価値増殖過程での搾取に社会福祉等の社会保障に対する資本の高負担を要求していく一つの社会的根拠があると思われる。

次に階層的生活問題であるが、この階層的生活問題は前述の階級的生活問題から関係派生的に生成してくるものである。つまり、橘木俊詔氏が指摘されているように、親（労働者階級や中間階級等）の低所得水準ほど子供の学力低下が見られ[16]、貧困家庭で育った子供は低学歴で終わり、「フリーターになる人の大半は高卒、高校中退、中卒という低学

歴層なのである。したがって、低学歴者であることは、フリーターになるリスクを背負っていることを意味する[17]。」また、法制度（によって労働者階級等の一員である人に社会問題としての生活問題が形成され深刻化してくる。つまり、「一部の主力正社員以外は派遣や請負による非正規でまかない、それによって人件費を軽減して企業業績を好転させようとする経済団体連合会の提言どおりの労働法制の規制緩和や労働者派遣制度によって、2003年から2006年までの間に、劣悪な労働条件（低賃金や社会保険の無加入）のパートや派遣社員などの非正規雇用者が300万人増え、今や1,726万人、全体の33,7%にもなっている[18]。」

　前述したように、社会問題としての福祉利用者の生活問題は、現代資本主義社会の構造的法則によって階級的に生成してくるものであるが、さらに重要な点は、福祉利用者の生活問題の中には社会福祉政策対象としての所得（貨幣）・教育制度等も含めた人間らしい健康で文化的な生活活動（機能）の基盤である潜在能力（抽象的人間生活力と抽象的人間労働力）の維持・再生産・発達・発揮の成就の為の生活手段の不足・欠如の側面（外部的条件）と生活手段の不足・欠如の問題から関係派生的に生成してきた福祉臨床的対象としての生活活動（機能）の基盤である潜在能力[19]の不足・欠如の側面（内部的条件）がある。序説でも述べているように、現実に人が人間らしい健康で文化的な生活（人間らしい健康で文化的な生活活動〔機能〕の基盤である潜在能力〔抽象的人間生活力・抽象的人間労働力〕の維持・再生産・発達・発揮の成就）を実感できるのは、日常の生活や社会活動（人間らしい健康で文化的な生活活動〔機能〕の基盤である潜在能力〔抽象的人間生活力・抽象的人間労働力〕の発揮〔消費〕）を十分に行っている時の方が多く、しかもアマルティア・センが指摘されているように、「『福祉』（well-being）はひとが実際に成就するもの―彼/彼女の『状態』（being）はいかに『よい』（well）のものであるか―に関わっている[20]。」（傍点、筆者）点に注目しなければならない。つまり、人間らしい健康で文化的な所得等も含めた生活

手段の保障の点に留まらず、さらに人の機能(機能とは、人が成就しうること、彼／彼女が行いうること、なりうることである)にも注目しなければならない。「たとえば、あるひとが栄養の摂取を困難にするような寄生虫性の病気をもっていれば、他のひとにとって十分過ぎるほどの食物(生活手段—挿入、引用者)を消費しえたとしても、彼／彼女は栄養不足に苦しむかもしれないのである。ひとの福祉について判断する際には、彼／彼女が所有する財(生活手段—挿入、引用者)の特性に分析を限定するわけにはいかない。われわれは、ひとの『機能』(functioning)にまで考察を及ぼさねばならないのである。財の所有、従ってまた財の特性に対する支配権は個人に関わることであるが、財の特性を数量的に把握する方法はその財を所有するひとの個人的特徴に応じて変わるわけではない。自転車(生活手段—挿入、引用者)は、それをたまたま所有するひとが健康体の持主であれ障害者であれ、ひとしく『郵送性』と言う特性をもつ財として処理されてしまう。ひとの福祉について理解するためには、われわれは明らかにひとの『機能』にまで、すなわち彼／彼女の所有する財とその特性を用いてひとはなにをなしうるかにまで考察を及ぼさねばならないのである。たとえば、同じ財の組み合わせが与えられても、健康なひとならばそれを用いてなしうる多くのことを障害者はなしえないかもしれないという事実に対して、われわれは注意を払うべきなのである[21]。」(傍点、筆者)とするならば、アマルティア・センの指摘から言える事であるが、さらに福祉利用者の生活活動(機能)の基盤である人間らしい健康で文化的な潜在能力の問題を以下のように論じる事が可能である[22]。

　福祉利用者の生活活動(機能)の基盤である人間らしい健康で文化的な潜在能力の問題の第1点は、所得等も含めた生活手段の不足・欠如の生活問題と生活手段の不足・欠如から関係派生的に生成してきた福祉利用者の生活活動(機能)の基盤である人間らしい健康で文化的な潜在能力の不足・欠如の生活問題との連関性の問題である。社会問題としての

福祉利用者の生活問題は、所得等も含めた生活手段の不足・欠如であると言う認識と生活手段の不足・欠如から関係派生的に生成してきた福祉利用者の生活活動（機能）の基盤である人間らしい健康で文化的な潜在能力の不足・欠如と言う認識を区別する事は重要であるが、それら2つの問題の連関性にも注目する事が重要である。と言うのは、所得等も含めた生活手段は福祉利用者の生活活動（機能）の基盤である人間らしい健康で文化的な潜在能力の向上に、福祉利用者がもっと生産的になり、高い所得等も含めた生活手段を得る能動的・創造的潜在能力を拡大する傾向があるのだから、福祉利用者の生活活動（機能）の基盤である人間らしい健康で文化的な潜在能力の改善はより多くの所得等に繋がり、その逆（所得等が福祉利用者の生活活動〔機能〕の基盤である人間らしい健康で文化的な潜在能力を改善する事）だけではない事も期待される。福祉利用者の生活活動（機能）の基盤である人間らしい健康で文化的な潜在能力の向上は、所得等も含めた生活手段の不足・欠如の生活問題を解決・緩和していく場合に重要である。より良い福祉教育（学ぶこと）と保健・福祉等の改善は、生活の質を間接的に改善するだけではない。それは福祉利用者が所得等を含めた生活手段を得て、所得等も含めた生活手段の不足・欠如の問題から自由になる生活活動（機能）の基盤である人間らしい健康で文化的な潜在能力も増大させる。福祉教育と保健・福祉等の生活手段がより多くの福祉利用者に及ぶほど、社会問題としての生活問題を担っている福祉利用者が社会問題としての生活問題に打ち勝つ可能性が大きくなるのである。この連関性は、次のようなある障害のある人の福祉施設（社会福祉法人大木会あざみ寮）において照明されている。「単に『生きているだけ』ではなく『人間らしく生きる』ことが求められているのは言うまでもありません。人間らしく生きるために、憲法では多くの権利を保障しています。人間らしく生きる権利のひとつに『学ぶ』権利があります。どんなに障害が重くとも学ぶ権利があるのです。……学ぶことは、人間らしく生きること、さらにより豊かに生き

ることを、障害の重い人たちの分野でも証明しているのです[23]。」

　第2点は、所得等も含めた生活手段と福祉利用者の生活活動（機能）の基盤である人間らしい健康で文化的な潜在能力の関係は福祉利用者の年齢によって（例えば、高齢の障害のある人や障害のある幼年児特有の必要ごとによって）、性と社会的役割によって（例えば、子供を持つ障害のある女性の母親としての社会的責任、慣習によって決定されている家庭内の義務等を通じて）、場所（農村や都市）によって、医療の環境によって（例えば、リハビリテーションを備えた医療施設がない事を通じて）、その他の条件によって大きな影響を受けると言う事である。と言うのは、アマルティ・センが指摘されているように、「財（生活手段—筆者挿入）の特性を機能の実現へと移す転換は、個人的・社会的なさまざまな要因に依存する。栄養摂取の達成という場合にはこの転換は、(1) 代謝率、(2) 体のサイズ、(3) 年齢、(4) 性（そして女性の場合には妊娠しているか否か）、(5) 活動水準、(6)（寄生虫の存在・非存在を含む）医学的諸条件、(7) 医療サービスへのアクセスとそれを利用する能力、(8) 栄養学的な知識と教育、(9) 気候上の諸条件などの諸要に依存する[24]。」つまり、アマルティア・センは二宮厚美氏が指摘されているように、「従来の福祉観がどちらかというと財貨（生活手段—筆者、挿入）の側に視点を置いて平等な福祉観を論じてきたのに対し、視点を180度転換して、人間の側に移したのです。生存に必要なさまざまなモノは、人間の福祉にあたって不可欠なものであるが、そのモノの価値はそれを活用する人間の潜在能力によって可変的である。したがって、・人・間生活の福祉を考える場合にはモノ（社会福祉サービスそのモノあるいは社会福祉法そのモノ等—筆者、挿入）それ自体ではなく、それを活用・し・て・い・き・る・人・間・の・潜・在・能・力・に・視・点・を・移・し・て・、・そ・の・発・展・を・考・え・な・け・れ・ば・な・ら・な・い[25]、」（傍点、筆者）と明言する事ができるが、しかし筆者は、人間が生きていき為には衣食住（モノ）が絶対的に必要なので、社会福祉等の生活手段そのモノ（生活手段の不足・欠如）と社会福祉等の生活

手段そのモノを活用して生きる人間の生活活動（機能）の基盤である人間らしい健康で文化的な潜在能力（潜在能力の不足・欠如）を統一的に捉える事を強調し、その統一的把握が筆者の独創的な生活問題の概念であり、特に生活活動（機能）の基盤である人間らしい健康で文化的な潜在能力（アマルティア・センの共同研究者であるマーサC. ヌスバウム氏は、機能と密接な関係があるケイパビリティを次のように指摘している。「①**生命**（正常な長さの人生を最後まで全うできること。人生が生きるに値しなくなる前に早死にしないこと）、②**身体的健康**（健康であること〔リプロダクティブ・ヘルスを含む〕。適切な栄養を摂取できていること。適切な住居にすめること）、③**身体的保全**（自由に移動できること。主権者として扱われる身体的境界を持つこと。つまり性的暴力、子どもに対する性的虐待、家庭内暴力を含む暴力の恐れがないこと。性的満足の機会および生殖に関する事項の選択の機会を持つこと）、④**感覚・想像力・思考**（これらの感覚を使えること。想像し、考え、そして判断が下せること。読み書きや基礎的な数学的訓練を含む〔もちろん、これだけに限定されるわけではないが〕適切な教育によって養われた〝真に人間的な〟方法でこれらのことができること。自己の選択や宗教・文学・音楽などの自己表現の作品や活動を行うに際して想像力と思考力を働かせること。政治や芸術の分野での表現の自由と信仰の自由の保障により護られた形で想像力を用いることができること。自分自身のやり方で人生の究極の意味を追求できること。楽しい経験をし、不必要な痛みを避けられること）、⑤**感情**（自分自身の周りの物や人に対して愛情を持てること。私たちを愛し世話してくれる人々を愛せること。そのような人がいなくなることを嘆くことができること。一般に、愛せること、嘆けること、切望や感謝や正当な怒りを経験できること。極度の恐怖や不安によって、あるいは虐待や無視がトラウマとなって人の感情的発達が妨げられることがないこと〔このケイパビリティを擁護することは、その発達にとって決定的に重要である人と人との様々な交わりを擁護す

ることを意味している〕)、⑥**実践理性**(良き生活の構想を形作り、人生計画について批判的に熟考することができること〔これは、良心の自由に対する擁護を伴う〕)、⑦**連帯**(**A** 他の人々と一緒に、そしてそれらの人々のために生きることができること。他の人々を受け入れ、関心を示すことができること。様々な形の社会的な交わりに参加できること。他の人の立場を想像でき、その立場に同情できること。正義と友情の双方に対するケイパビリティを持てること〔このケイパビリティを擁護することは、様々な形の協力関係を形成し育てていく制度を擁護することであり、集会と政治的発言の自由を擁護することを意味する〕 **B** 自尊心を持ち屈辱を受けることのない社会的基盤をもつこと。他の人々と等しい価値を持つ尊厳のある存在として扱われること。このことは、人種、性別、性的傾向、宗教、カースト、民族、あるいは出身国に基づく差別から護られることを最低限含意する。労働については、人間らしく働くことができること、実践理性を行使し、他の労働者と相互に認め合う意味のある関係を結ぶことができること)、⑧**自然との共生**(動物、植物、自然界に関心を持ち、それらと拘わって生きること)、⑨**遊び**(笑い、遊び、レクリエーション活動を楽しむこと)。⑩**環境のコントロール**(**A政治的** 自分の生活を左右する政治的選択に効果的に参加できること。政治的参加の権利を持つこと。言論と結社の自由が護られること。**B物質的** 形式的のみならず真の機会という意味でも、〔土地と動産の双方の〕資産を持つこと。他の人々と対等の財産権を持つこと。他者と同じ基礎に立って、雇用を求める権利を持つこと。不当な捜索や押収から自由であること)」Martha C. Nussbaum〔池本幸生・その他訳〕『女性と人間開発―潜在能力アプローチ―』岩波書店、2005年、92‐95頁)に不足・欠如があるならば、福祉利用者の生活活動(機能)の基盤である人間らしい健康で文化的な潜在能力の発達は重要である。さらに強調したい事は、社会福祉等も含めた生活手段と福祉利用者の生活活動(機能)の基盤である人間らしい健康で文化的な潜在能力の関係は、特に享

受的潜在能力に連関性があると言う事である。と言うのは、福祉利用者にとって社会福祉等は生活手段であり享受主体である。享受主体である福祉利用者と社会福祉労働者（社社会福祉労働手段も含む）の間のコミュニケーションによって福祉利用者の享受的潜在能力を引き出す事が重要となる。二宮厚美氏が指摘されているように、まず第1に、社会福祉労働は社会福祉享受主体（福祉利用者）とのコミュニケーションを媒介にし、それを方法として社会福祉享受主体（福祉利用者）に働きかける営みである。第2に、社会福祉労働はそれを担う社会福祉労働者と社会福祉享受主体（福祉利用者）との間の他ならぬコミュニケーションを過程として進行する。更に第3に、社会福祉労働はコミュニケーション的理性の発揮の中で進められるのである[26]。

【注】

1) 生活過程では、多種多様のモノを享受（消費）しているが、生活過程において人々にとって有用なモノ、使用価値をもつモノを生活手段（生活財）と呼ぶ事にする（宮本みち子「生活財の体系」松村祥子・その他著『現代生活論』有斐閣、1988年、60頁）。
2) Sen,Amartya.,鈴木興太郎訳『福祉の経済学』（岩波書店、1988年、41-42頁）。
3) フリードリヒ・エンゲルス.,土屋保男・その他訳『家族・私有財産・国家の起源』（新日本出版社、2001年、27頁）。
4) 宮本みち子「生活とは何か」（松村祥子・その他著『現代生活論』有斐閣、1988年、22-23頁）。
5) 宮本、前掲書、24-25頁。
6) 一定の運動のなかで自己を増殖する価値。資本の基本的形態は産業資本であり、生産手段の私的所有に基づいて資本家が賃労働者を搾取する生産関係である（社会科学辞典編集委員会編、前掲書、123-124頁）。
7) 新しい機械の採用等によって平均水準以上の生産力を持つようになった資本家が手に入れる、普通より多い剰余価値の事。この資本家の商品の個別価値は社会的価値より低いが、資本家はその商品の社会的価値を基準にして売る事ができるから、普通より多くの剰余価値（特別剰余価値）を得る（社会科学辞典編集委員会編、前掲書、233頁）。
8) カール・マルクス.,岡崎次郎訳、前掲書③、217頁。
9) カール・マルクス.,岡崎次郎訳、前掲書③、239-240頁。
10) カール・マルクス.,岡崎次郎訳、前掲書③、241頁。
11) 流動的過剰人口は、一時的失業者である（宮川実著『マルクス経済学辞典』青木書店、

1965年、190頁）。
12）潜在的過剰人口は、没落していく小生産者ことに農民である（宮川実著『マルクス経済学辞典』青木書店、1965年、190頁）。
13）停滞的過剰人口は、定職を失いきわめて不規則につけるだけの者である（宮川実著『マルクス経済学辞典』青木書店、1965年、190頁）。
14）特に障害のある人の雇用率（労働力の使用権を販売できない人々の率）が低い。因みにその雇用率を見ると、「2011年6月1日の障害者雇用状況は、民間企業の法定雇用率達成企業の割合は45.3%であり、54.7%が達成していない（財団法人厚生統計協会編『国民の福祉と介護の動向・厚生の指標』増刊・第59巻第10号・通巻925号、2010年、135頁）。この為に、生活保護を受給しなければ、障害のある人々の人間らしい健康で文的な生命・抽象的人間労働力の維持・再生産・発達は不可能である。因みに生活保護の受給実態を見ると、「生活保護を受けている傷病・障害者世帯は全体の33.1%にあたる。」（財団法人厚生統計協会編『国民の福祉と介護の動向・厚生の指標』増刊・第59巻第10号・通巻925号、2010年、188頁）。
15）宮川、前掲辞典、189-190頁。
16）橘木俊詔著『日本の教育格差』（岩波書店、2010年、54頁）。
17）橘木、前掲書、167頁。
18）2007年5月29日の総務省発表の「労働力調査」。
19）センの「ケイパビリティ」（潜在能力capability）は、人が自分のしたい事ができる能力を表現したものである。ケイパビリティは人がどのようなファンクショニングを実現できるか、その選択肢の広がりを示す事によって実質的な自由を表現しようとする概念である（野上裕生「アマルティア・センへの招待」絵所秀紀・その他編『アマルティア・センの世界』晃洋書房、2004年、4頁）。
20）Sen,Amartya.,鈴木興太郎訳、前掲書、41-42頁。
21）Sen,Amartya.,鈴木興太郎訳、前掲書、21-22頁。
22）Sen,Amartya.,石塚雅彦訳『自由と経済開発』（日本経済新聞社、2000年、99-124頁）。
23）橋本佳博・その他著『障害をもつ人たちの憲法学習』（かもがわ出版、1997年、199頁）。
24）Sen,Amartya.,鈴木興太郎訳、前掲書、42頁。
25）二宮厚美著『発達保障と教育・福祉労働』（全国障害者問題研究会出版部、2005年、74頁）。
26）二宮、前掲書、87頁。

6. 社会福祉の基本問題（基本的矛盾）と課題

(1) はじめに

　我が国の近年の社会福祉研究は、社会福祉の本質解明及び筆者のように現代資本主義社会の生産様式[1]との関連で社会福祉の基本問題と課題を解明していくと言うよりは、個々の社会福祉サービスの細部に亘る実証的な分析、プラグマチティブな実践研究、福祉実践（福祉労働）の観点が欠落した思弁的（思弁的と言うのは、経験による事なく、ただ純粋な思考によって経験を越えた真理の認識に到達しようとする事である）な社会福祉研究、社会福祉の国際的類型論、外国の社会福祉の啓蒙論等にその主要な関心を移行させている。これらの研究関心は、その事自体は社会福祉研究の範囲の広さと研究の自由を示すもので一定の意義があり、また学問（学問とは、一定の理論に基づいて体系化された法則的知識と方法を意味する）の自由及び表現の自由を表すものであると考える。しかし、社会福祉の本質解明あるいは現代資本主義社会の生産様式との関連で社会福祉の基本問題と課題の解明は必ずしも座視されて良いものではない。

　そして今日ほど社会福祉とは何かの本質（価値・剰余価値）を解明していく必要があると考える。と言うのは、大友信勝氏が指摘されているように、「新カリキュラムでは、社会福祉の基本的性格全体像を貫く原理や概念を思想、価値、あるいは歴史的な考察が、さらに弱められている。……『社会福祉とは何か』を教育するのに、『社会福祉』から『社会』をとり、『福祉政策と福祉制度』から『現代の福祉』をとりあげるシラバスになっている。社会福祉の政策と対象は相互に関連性をもっている

が、政策主体の立場から政策・制度に焦点をあて、そこから『社会福祉とは何か』を取りあげると何がおきやすいだろうか。政策主体の財政の事情を中心に、政策・制度の説明、解釈が論じられ、当事者・利用者の生活問題が二次的になり、社会福祉成立の根拠、発展の思想、運動が軽視されやすくなる[2]。」（傍点、筆者）と言う懸念は良く理解できる。しかし、筆者にとって「社会」は一般的な社会を意味するものではなく、現代資本主義社会を意味し、現代資本主義社会の生産様式との関連で社会福祉の基本問題の分析と総合によって社会福祉の法則（法則とは、資本主義社会の生産様式の条件の下に法則的に生成する社会問題としての生活問題〔必需的な生活手段＝貨幣・教育制度等の不足・欠如と生活手段の不足・欠如から関係派生的に生成してきた福祉利用者の人間らしい健康で文化的な生活活動「機能」の基盤である潜在能力＝抽象的人間生活力・抽象的人間労働力の維持・再生産・発達・発揮の阻害＝福祉利用者の潜在能力の不足・欠如の生活問題〕と福祉利用者の生活問題に対応する社会福祉労働の現象の間の普遍的・必然的関係、つまり、社会問題としての生活問題に対応する資本主義社会の土台である生産様式における社会福祉の必然性及び福祉利用者の社会問題としての生活問題に対応する社会福祉労働に内在する使用価値と価値・剰余価値との普遍的・必然的関係及び矛盾対、そして資本主義社会における福祉労働手段＝福祉事業所、福祉施設等の社会化による使用価値としての社会福祉の社会福祉の発展と剰余価値としての社会福祉の没落を意味する）を究明し、法則に基づいた社会福祉の福祉実践（福祉労働）の課題を考察する理論（理論とは、科学〔科学とは、福祉観察や福祉労働等の経験的手続きによって実証された法則的・体系的知識を意味する〕において福祉利用者の社会問題としての生活問題及び社会）福祉労働等を統一的に説明し予測する事のできる普遍性を持つ体系的な知識を意味する）体系を構築する事が本章の課題である。

　ところが、次のような社会福祉の法則そのものの解明を否定する考え

方もある。「そもそも社会福祉研究は、わが国の『社会福祉理論』の伝統からいうなら『現実の科学』であり、実践の学である。法則定立科学ではなく、実践科学、課題解決型の科学として社会福祉学が存在するというのが社会福祉領域の学界の一般的意見であろう[3)]」。これでは他の社会科学の分野から社会福祉は学問ではないと批判されるのも尤もな事である。勿論、社会福祉学は法則の解明に留まるものではない。つまり、単に社会福祉の福祉研究的認識（基本法則かつ構造的認識「社会福祉労働に内在する使用価値と価値・剰余価値の矛盾対の認識」）に留まらず、社会福祉の福祉研究的認識（構造的認識）から導き出される社会福祉の福祉実践（福祉労働）的認識（機能的認識「福祉利用者が社会福祉労働手段も含む社会福祉労働を享受し、人間らしい健康で文化的な生活活動＝機能の基盤である抽象的人間生活力〔人間が生活の際に支出する脳髄、神経、筋肉等を意味する〕・抽象的人間労働力〔人間が労働の際に支出する脳髄、神経、筋肉等を意味する〕の潜在能力の維持・再生産・発達・発揮の成就」）にまで進まなければならない。例えば、カール・マルクス、大友信勝氏、アマルティア・センが指摘されているように、「受給貧民は、現役労働者軍の廃兵院、産業予備軍の死重をなしている。受給貧民の生産は相対的過剰人口の生産のうちに含まれており、その必然性は相対的過剰人口の必然のうちにふくまれているのであって、受給貧民は相対的過剰人口とともに冨の資本主義的な生産および発展の一つの存在条件になっている。……この産業予備軍が現役労働者軍に比べて大きくなればなるほど、固定した過剰人口はますます大量になり、その貧困はその労働苦に正比例する。最後に、労働者階級の極貧層と産業予備軍とが大きくなればなるほど、公認の受給貧民（生活保護を受給している貧困者―挿入、引用者）もますます大きくなる。これが資本主義的蓄積の絶対的な一般的な法則である[4)]。」（カール・マルクス）と言う認識は法則を認識する福祉研究的認識（構造的認識）であり、「社会福祉とは格差・貧困問題を現代社会における生活問題として認識し、社会的困難

に直面している人びとの暮らしと自立を支え、人びとがその人らしくいきていくうえで必要な生活問題の改善・解決をはかる社会的方策と考えている[5]。」(大友信勝) と言う認識と「『福祉』(well-being) はひとが実際に成就するもの―彼／彼女の『状態』(being) はいかに『よい』(well) ものであるか―に関わっている[6]。」(傍点、筆者)(アマルティア・セン) ので、社会福祉労働等を通していかに福祉利用者の潜在能力によって人間らしい健康で文化的な生活を成就させていくかの認識は、実践を志向する福祉実践（労働）的認識（機能的認識）である。だから社会福祉学の研究にとって重要なのは、両者の統一的認識であり、言わば松村一人氏が指摘されているように、学問は「対象と実践的見地との両者をその内に含んでいる[7]。」と考える。本稿では、以上の点を踏まえて、社会福祉の基本問題と課題について考察していく。

(2) 社会福祉の概念規定

①社会福祉の概念規定
ア、分析の前提

我々は、日常、個人あるいは家庭で多様かつ必需的な生活手段（衣食住等）を生活活動＝機能（生きていく為の活動）の過程で享受（消費）して人間らしい健康で文化的な生活活動（機能）の基盤である潜在能力（抽象的人間生活力〔人間の生きた身体の内に存在していて、人間が何らかの種類の生活をする際に支出する脳髄・筋肉・神経等の総体を意味する〕・抽象的人間労働力〔人間の生きた身体の内に存在していて、人間が何らかの種類の労働をする際に支出する脳髄・筋肉・神経等の総体を意味する〕）の維持・再生産・発達・発揮を成就している。宮本みち子氏が指摘されているように、「生活は大きく分類すれば、必需的な生活基盤機能と、そのうえに展開される生活創造機能に分けられる。前者は人間の生理的再生産に関係する必需的部分である。内容は、①職機能、

②健康維持機能、③衣装機能、④住機能、⑤移動機能、に分けられる[8]。」後者は、「①娯楽機能、②教育機能に分けることができる[9]。」

　何らかの社会的原因（5の「社会科学的視点の生活問題」で論証している相対的過剰人口や恐慌による失業等）で個人あるいは家庭で人間らしい健康で文化的な生活活動（基盤）の基盤である潜在能力（抽象的人間生活力・抽象的人間労働力）の維持・再生産・発達・発揮を成就していく事が部分的あるいは全体的に不可能になった場合、社会福祉労働（社会福祉労働手段も含む）が福祉利用者の生活手段（社会福祉労働は福祉利用者にとって生活手段であるが、一般的な生活手段と違って、生活手段の享受能力を引き出してくれる特殊な生活手段である）として対応していくが、日常の生活過程で福祉利用者の生活活動（潜在的能力）によって成就していく事と違いは無い。そして、富沢賢治氏が現代資本主義社会における生活矛盾（生活問題）を経済的社会構成体（経済的社会構成体は、生産力の一定の発展段階に照応する生産関係の総体を経済的土台として捉え、社会的・政治的・精神的諸関係を、そのような土台の上に必然的に成り立った上部構造として捉え、両者を統一的に総括した概念である[10]）に照応した全社会的生活過程との関連で考察されているように[11]、社会福祉も全社会的生活過程との関連で考察していく事が重要と考える。

　それでは、現代資本主義社会の社会福祉は全社会的生活過程の中でどこに位置づけられるのであろうか。カール・マルクスが指摘されているように、「われわれはあらゆる人間的存在の、したがってまたあらゆる歴史の、第一の前提、すなわち人間たちは『歴史をつくり』うるために生きることができねばならないとう前提を確認することからはじめねばならない[12]」。そして、福祉利用者の人間らしい健康で文化的な生活活動（機能）の基盤である潜在能力（抽象的人間生活力・抽象的人間労働力）の維持・再生産・発達・発揮を成就する為には、「なにはさておき飲食、住、衣、その他、若干のことがなくてはかなわない。したがっ

て最初の歴史的行為はこれらの必要の充足のための諸手段の産出、物質的生活そのものの生産であり、しかもこれは、今日もなお何千何年と同じように人間たちをただ生かしておくだけのために日々刻々、果たさなければならぬ一つの歴史的行為であり、あらゆる歴史の根本的条件である[13]」。

とするならば、社会福祉の土台は物質的生産であり、その生産様式（生産様式は、生産力と生産関係との統一で、一定の生産力と一定の生産関係とから成り立つ）である。つまり、富沢賢治氏が指摘されている経済的生活過程であり、その「経済的生活過程は、物質的冨の生産、分配、交換、消費の過程から成る。生産諸力を用いて人間が相互に関連しあって自然との資料変換をどのように行うかというその様式に、歴史的な社会構造を問題とする視点から形態規定を与えたものが生産様式であり、資料変換のさいの諸個人間の関連を生産様式という概念装置をとおして整序してとらえかえしたものが生産関係である[14]。」

この経済的生活過程の土台の上に社会的生活過程[15]、政治的生活過程[16]、精神的生活過程[17]が位置し、国家（地方自治体も含む）及び国家等の公的あるいは民間の社会福祉は政治的生活過程・社会的生活過程・精神的生活過程に属するが、経済的生活過程が社会的生活過程、政治的生活過程、精神的生活過程を条件づけるのである。言わば、「国家諸形態は……物質的な諸生産関係に根ざしており[18]」、国家等の公的あるいは民間の社会福祉は絶対的に経済的生活過程に規定されるが、相対的に政治的生活過程・社会的生活過程・精神的生活過程が国家等の公的あるいは民間の社会福祉を規定する場合がある[19]。

かくして結論的には、社会福祉の基本問題を考察していく場合、資本主義社会の生産様式（その特徴は、生産手段の資本主義的所有に基づいて資本家が賃労働者を搾取する事にある。この生産様式では、剰余価値の生産が直接的目的であり、生産の決定的な動機である。資本主義の下では、生産の社会的性格と取得の私的資本主義的形態との矛盾が基本的

矛盾となっている[20]）との関連で考察していく事が重要であると言える。そして、経済的生活過程での生産手段の社会化のような変化と共に、国家等の公的あるいは民間の社会福祉が徐々に、あるいは急激に変革されると見る事ができる[21]）。

イ、社会福祉労働の二つの要因の分析

　ところで、社会福祉は対象（社会問題としての生活問題を担った福祉利用者）、目的（福祉利用者が社会福祉労働及び社会福祉労働手段を享受し、人間らしい健康で文化的な生活活動〔機能〕の基盤である潜在能力〔抽象的人間生活力＝人間が生活の際に支出する脳髄・神経・筋肉等を意味する・抽象的人間労働力＝人間が労働の際に支出する脳髄・神経・筋肉等を意味する〕の維持・再生産・発達・発揮を成就する事）、手段（社会福祉労働及び社会福祉労働手段等）を総体的に捉え、そして、社会福祉の政策主体と福祉利用者を媒介しているのも社会福祉労働である。つまり、福祉利用者が実際に日常の生活過程で社会福祉労働を享受し、人間らしい健康で文化的な生活活動〔機能〕の基盤である潜在能力〔抽象的人間生活力・抽象的人間労働力〕の維持・再生産・発達・発揮を成就しているのは事実（科学は理念や仮定等から出発するのでは（なく、事実から出発するものである）の現象であり、政策主体（総資本・国家等）の目的（価値・剰余価値の支配）を享受しているのも社会福祉労働によるものである。筆者はこの事実の現象の確認から出発する。そして、福祉利用者の生活手段としての現代資本主義社会における社会福祉労働の現象は、国家等の公的あるいは民間企業（特に社会福祉基礎構造改革以降後、企業の商品としての社会福祉労働サービスが増加している）の社会福祉労働以外のボランティア活動や非営利活動が拡大しているとは言え、支配的には国家等の公的あるいは民間の商品としての社会福祉労働が多く見られる。つまり、真田是氏が指摘されているように、「①金銭給付及び貸し付け、②福祉施設提供、③生活補助設備、器具の提供、④機能回復・発達のための設備、器具の提供、⑤生活の介助・介護、⑥予防・

治療のための医療給付、⑦生活指導を含む機能回復・発達のためのリハビリテーション、⑧職業訓練給付、⑨診断・あっせん処置を含む相談などの人的手段を通じた直接的な現物給付、⑩問題発見や解決のための調査活動、⑪問題解決のための社会資源の伝達や社会的認識向上のための広報活動、⑫問題解決のための地域住民や関係団体、関係施設などの組織活動、⑬社会資源の有効活用のための連絡調整活動などの間接手段の提供[22]」等の社会福祉労働（社会福祉労働手段も含む）の事実の現象として見られ、しかも多くの場合、これらの社会福祉労働は複合的に行われ、また、社会福祉の歴史の発展過程においてその社会福祉労働の量と質は相違する。とは言え、これらの社会福祉労働の事実の現象を通して、社会福祉労働の二つの内在的な要因を分析していく事が重要である。

　とするならば、社会福祉労働は第一に、生活手段として福祉利用者の何らかの種類の欲望を部分的あるいは全体的に享受しているのである（つまり、福祉利用者が人間らしい健康で文化的な生活活動〔機能〕の基盤である潜在能力〔抽象的人間生活力〕の維持・再生産・発達・発揮を行う事ができる欲望を享受する事）。この欲望の享受は、それが例えば物質的生産物（福祉施設、福祉機器、生活保護制度の金銭、福祉手当の金銭等）で生じようと、人的サービス（介護福祉サービス等）あるいは物質的生産物と人的サービスとの併用で生じようと、少しも福祉利用者にとってその使用価値の事柄の性質を変えるものではない。重要なのは、社会福祉労働手段と伴に社会福祉労働が福祉利用者に対象化（社会福祉労働の対象化とは、福祉利用者に社会福祉労働手段と伴に社会福祉労働者の抽象的人間労働力の凝固の社会関係を意味する）・共同化（社会福祉労働の共同化とは、二宮厚美氏が指摘されているように、社会福祉労働をひとつの労働過程として捉えた場合、社会福祉労働者がその労働主体となるが、社会福祉労働者と福祉利用者とのコミュニケーション過程の面から見ると、社会福祉の必要性・要求の発信主体は福祉利用者であり、社会福祉労働は福祉利用者の了解・合意を前提にして、ひとつ

の共受関係に入る事を意味する。そして、社会福祉労働者は福祉利用者の生活活動〔機能〕の基盤である潜在能力＝抽象的人間生活力に非言及び言語的コミュニケーションを媒介にして働きかけ、その生活活動〔機能〕の基盤である潜在能力＝抽象的人間生活力を顕在化（発揮）させる事によって、福祉利用者は人間らしい健康で文化的な生活活動〔機能〕の基盤である潜在能力＝抽象的人間生活力の維持・再生産・発達・発揮を成就しているのである[23]）され、福祉利用者の欲望が享受される事によって、福祉利用者の人間らしい健康で文化的な生活活動（機能）の基盤である潜在能力＝抽象的人間生活力の維持・再生産・発達・発揮に部分的あるいは全体的に関係していると言う事は二重の観点から、即ち質と量の面から分析していく必要があるが、その有用性は福祉利用者にとって使用価値になる。しかもこの使用価値は、福祉利用者の社会福祉労働の使用関係や社会福祉労働の実体（実態）に制約されているので、その使用・享受関係や実体（実態）なしには存在しない。それ故、社会福祉労働における人的サービスの提供そのもの、生活手段提供そのもの、金銭給付そのもの等との使用・享受関係やその実体（実態）が使用価値なのである。そして、使用価値はどれぐらいの人的サービス、どれぐらいの生活手段、どれぐらいの金銭と言ったような、その量的な規定性が前提とされ、また、実際の使用と享受によってのみ成就される（つまり、実際に使用と享受されていない社会福祉は潜在的社会福祉であり、実際に使用と享受されている社会福祉は顕在的社会福祉である）。さらにこの使用価値は、原始共同体における相互扶助活動[24]、奴隷社会における都市国家の救済制度[25]、封建社会における農村の荘園の相互扶助活動及び都市ギルドの相互扶助活動・慈善活動と絶対王政下の救貧制度[26]、資本主義社会における社会福祉[27]、社会主義社会における社会福祉[28]、にも存在しており、社会福祉の素材的な内容をなしている。

　使用価値はなによりもまず、多様に異なった量と質でありその有用性であるが、その使用価値を捨象するならば、社会福祉労働に残っている

ものは無差別に抽象的人間労働力の、その支出形態(人的サービス提供形態の社会福祉労働、住宅提供形態の社会福祉労働、食物提供形態の社会福祉労働、金銭給付形態の社会福祉労働等)には関わりの無い抽象的人間労働力の支出の、ただの凝固の社会関係のほかにはなにもない。これらの事が意味しているのは、ただ、その福祉利用者に社会福祉労働手段と伴に社会福祉労働者の抽象的人間労働力が対象化・共同化され、福祉利用者の体内に抽象的人間労働力が積み上げられ享受されていると言う事だけである。このような社会福祉労働の社会関係の結晶として、これらのものを価値(価値の社会的実体は、抽象的人間労働力である)と言う。つまり、抽象的人間労働力が価値になるのは、人間の存在の根本的要素である自然素材と抽象的人間力とが結合し、凝固状態の社会関係にあるからである。とするならば、福祉利用者(人間)と雖も自然素材と同次元(人間も自然的存在であり自然の一部であると言う意味)にあり、しかも人間(福祉利用者)に対して社会福祉労働者の抽象的人間労働力が社会福祉労働手段とコミュニケーションを媒介として対象化・共同化され、福祉利用者がそれを享受(結合し凝固される事)し、人間らしい健康で文化的な生活活動(機能)の基盤である潜在能力(抽象的人間生活力・抽象的人間労働力)の維持・再生産・発達・発揮を部分的あるいは全体的に成就しているのである。

　しかし、資本家はややもすると福祉利用者を労働力の欠損者あるいは無労働力者として認識しがちであり、価値の社会的実体とは無関係であると見なしがちである。この認識は事実と反する。と言うのは、例えば、障害者総合支援法において障害のある人(本章で「障害者」と言う用語を使用しない理由は、「障害者」と言う用語が恰もその人の全人格を決定づけ、他者と完全に異なる社会的集団であるかのような誤解を与えやすいからである)が授産施設(畳を製造している授産施設)で畳の物質的生産と自らの生活活動(機能)の基盤である潜在能力(抽象的人間生活力・抽象的人間労働力)の維持・再生産・発達・発揮を成就している

のは最も良い例である。

　では、価値の大きさはどのようにして計られるのであろうか。それに含まれている価値を形成する社会的実体の量、すなわち社会福祉労働の量によってである。社会福祉労働の量そのものは、その社会福祉労働の継続時間で計られ、労働時間いわゆる一時間とか一日とかと言うような一定の時間部分をその度量標準としている。そして、価値はその社会福祉労働中に支出される労働量によって規定されると考えられる。そして、ある社会福祉労働者が怠惰または不熟練であればあるほど多くの労働時間を必要とするので、価値が大きいと思われるかも知れない。しかし価値の社会的実体をなしている労働は、同じ抽象的人間労働力である。社会福祉労働界の価値となって現れる総労働は、無数の個別的労働から成り立っているが、ここでは一つの同じ抽象的人間労働力と見なされるのである。これらの個別的労働のおのおのは、それが社会的平均労働と言う性格を持ち、このような社会的平均労働として作用し、従って社会福祉労働においてもただ平均的に必要な、または社会的に必要な労働時間とは、現在の社会的に正常な社会福祉労働の条件と、社会福祉労働の熟練及び強度の社会的平均度をもって、使用価値・価値の維持・再生産・発達の為に必要な労働時間である。それ故、ある使用価値の価値を規定するものは、ただ社会的に必要な社会福祉労働の量、即ち社会福祉労働を享受している福祉利用者の生活活動（機能）の基盤である潜在能力（抽象的人間生活力・抽象的人間労働力）の維持・再生産・発達に社会的に必要な労働時間だけである。また、価値、一定の大きさの凝固した労働時間でしかない。

　さらに、単に価値を形成するだけではなく剰余価値も形成する。と言うのは、土台（現代資本主義社会の生産様式）に規定された国家の機関である旧厚生省は、社会福祉等の「『人間投資』は、経済発展の基底（経済発展の基底は利潤であり、利潤の原泉は剰余価値である―挿入、筆者）をなすもの、経済発展がそこから絶えず養分を吸収しなければならない

ものであり、経済の発展に背くものではなく、その発展とともにあるものである[29]」と考えており、社会福祉労働に必要な労働力商品の価値総額よりも高い事を欲するからである。国家は、国家財政を通して社会福祉労働者に労働力の価値（賃金）を支払うが、社会福祉労働者が一労働日（一日の労働時間）中に福祉利用者に対象化・共同化した価値は、社会福祉労働者自身の労働力の価値とこれを超過する部分とを含む。即ち、一労働日は必要労働＝支払い労働と剰余労働＝不払い労働との二つの部分からなるのである。このように、社会福祉労働過程での剰余労働によって作り出された部分の価値を剰余価値と言う。社会福祉労働過程（社会福祉労働過程は労働過程と価値増殖過程に分けられる）で剰余価値が形成されている事は、社会福祉労働者は搾取されている事を意味する。そして、物質的生産・サービス企業の資本にとって最も不可欠な生産要素である労働者そのものの生産・再生産は、資本の生産・再生産過程の一契機であるにも拘わらず、現在、富沢賢治氏も指摘されているように、「社会福祉……への国家財政支出の削減による追加搾取がなされ[30]」や消費税の増税を行って国民に社会福祉の財政責任を転嫁している。

　さらに一般的に、個別資本家側は社会福祉を空費と見なしがちである。しかし、もしも相対的過剰人口[31]の一員である福祉利用者が存在しなければ、価値及び剰余価値を究極の目的としている総資本にとって、資本の蓄積及び拡大は不可能である。と言うのは、「資本の蓄積は、沈滞・好況・繁栄及び恐慌という産業循環を経ながら行われる。そして資本の蓄積は、好況及び繁栄の時期には、突然大規模に行われる。ところが資本の蓄積及び生産拡大が突然大規模に行われるためには、大量の労働力が生産過程に存在しなければならない。しかし、人口の自然増加によってこの膨大な労働力を突然供給する事は不可能である。急速で大規模な生産拡張が可能なのは、全く相対的過剰人口がつねに存在するからである[32]」。この点と価値増殖過程における搾取に社会福祉等の社会保障に

対する資本の責任と高負担を要求していく社会的根拠があると断定できるが、前述したように「現実にはその負担の大部分が国家財政をつうじて労働者階級および小ブルジョア層に転嫁されている[33]。」

このように社会福祉は、福祉利用者の人間らしい健康で文化的な生活活動（機能）の基盤である潜在能力（抽象的人間生活力）の維持・再生産・発達・発揮の使用価値と現代資本主義社会の資本の再生産（価値と剰余価値）を保障する任務を果たし、社会福祉の基本的矛盾の統一対として存在しているが、しかしだからと言って、国家が自発的に社会福祉を創設したものではない。独占資本の段階において、生活困難な状況下にいる福祉利用者の福祉要求及び社会福祉労働者を初めとする労働者階級等に属する人々等が、生活困難からの解放を求めての社会福祉運動（労働組合運動も含む）等に対する譲歩である。と言うのは、現代資本主義社会において福祉利用者のような労働者階級等に属している人々は生産手段・生活手段から疎外されており、生活困難は必然的である（絶対的貧困）。生活困難な状況下の福祉利用者は、自分の非人間化を認識し、それ故に自分自身を止揚する非人間として生みださざるをえない。かくして、生活困難な状況下にある福祉利用者、彼に社会福祉の必要性の認識をもたらしめ、内的必然性を持って、人間としての生存を求めて国家に社会福祉を要求していく社会福祉運動に赴かせざるを得ないのである。つまり、生活困難の福祉利用者の「状態は、現在のあらゆる社会運動の実際の土台であり、出発点である[34]」。そして、こうした社会福祉運動は、「しばしば経済的性格から政治的性格へ移行し、サンディカリズムのいう最高の社会戦争まで発展していく可能性をはらんでいるのであって、このような自体は資本主義制度にとっての構造的危機を意味するものにほかならない[35]」。また、「どこでも政治的支配の基礎には[36]」、社会福祉等のような「社会的な公務活動があったのであり、また政治的支配は、それが自己のこういう社会的な公務活動を果たした場合にだけ長く続いた[37]」のである。

以上の論述によって社会福祉とは何か、筆者の独自の本質的定義を示すならば、以下のように定義を行う事ができる。つまり、社会福祉とは、現代資本主義社会の生産様式に絶対的に規定されて生成してきた社会問題としての生活問題（生活手段の不足・欠如から関係派生的に生成してきた生活主体者の生活活動〔機能〕の基盤である潜在能力の維持・再生産・発達・発揮の阻害〔福祉利用者の潜在能力の不足・欠如〕の生活問題と生活手段の不足・欠如）の担い手である労働者階級や中間階級等の相対的過剰人口の一員を中心とした人々の生存権的平等保障活動・運動に影響されて、社会問題としての生活問題の担い手に向けられた総資本の為の価値の形成・支配と剰余価値の取得・支配の国・地方自治体の社会福祉の総称であって（本質＝構造的認識）、その本質の現象的表現は、部分的あるいは全体的に福祉利用者の生活問題に対応する精神的・物質的な支援[38]及び保護等の使用価値を、公私の社会福祉労働及び活動・コミュニケーションの生活手段を媒介として、個別的・集団的・組織的及び総合的に保障し、それらの生活手段を福祉利用者（生活主体者）が享受し、人間らしい健康で文化的な生活活動（機能）の基盤である潜在能力・抽象的人間生活力・抽象的人間労働力の維持・再生産・発達・発揮を日常の生活過程で成就するところにあると言える（機能的認識）。

（3）本源的規定における社会福祉の使用価値の支援（労働）行為

　社会福祉の本源的規定においては、現代資本主義社会と言う歴史的規定を捨象する事が必要であり、どんな経済的社会構成体にも存在している事に焦点をあてて論じていく。つまり、社会福祉の使用価値を享受する事によって、人間らしい健康で文化的な生活活動（機能）の基盤である潜在能力（抽象的人間生活力）の維持・再生産・発達・発揮を成就している事は、人類史の全過程に貫かれている人間にとって永遠のそして根源的な課題である（勿論、その質及び量の程度は、歴史的形態と発展

によって異なる）。と言うのは、現在の社会福祉の使用価値の享受に関係する支援（労働）行為は、現代資本主義社会以前の社会における相互扶助、慈善事業・活動、救貧事業・活動にも見られる。

　最初に相互扶助を見てみよう。原始共同体における相互扶助が当時の低生産力水準に規制された共同体内部における所有・生産・生活等の共同に基づいたものであったかも知れないが、しかし同時に、他人の生活困難を支援する最も端緒的かつ自然発生的及び主体的な行為[39]であった事は言うまでもない。とするならば、支援対象者にとっての使用価値の享受への部分的あるいは全体的な支援（労働）行為の始まりは、私的（個人）としてではなく、公的な性質の可能性を帯びた共同体（集団）で行われていたと言っても良い。また、救貧法においても、労働意欲のない労働可能者に対する処罰は厳しいかったとは言え、支援（労働）対象者のような労働無能力者として見られがちなものは、「公共的な管理のもとに再建された救治院や救貧院に収容されるか、院外救済が与えられ[40]」て、使用価値の享受に部分的あるいは全体的に関係していた。さらに、支援（労働）対象者に対する慈善活動は、支援行為者の心情的動機による実践であり、支援（労働）行為者の自律を前提とするとは言え[41]、支援（労働）対象者にとっての使用価値に部分的あるいは全体的に関係していた。それ故、社会福祉は第一にどんな特定の経済的社会構成体に関わりなく考察しなければならないのである。

　とするならば、社会福祉は第一に、支援（労働）行為者と支援（労働）対象者との間の支援（労働）過程である。この過程で支援（労働）行為者は、支援（労働）対象者に対して支援（労働）行為者自身の行為（コミュニケーションも含む）によって媒介し、規制し、制御するのである。支援（労働）行為者は、支援（労働）対象者にとっての使用価値に部分的あるいは全体的に関係する為に、支援（労働）行為者の身体に備わる自然力、腕や脚、頭や手を動かす。支援（労働）行為者は、この運動によって支援（労働）対象者にとっての使用価値に部分的あるいは全体的に関

係し、そうする事によって、同時に支援（労働）行為者自身をも変化させる（支援・労働行為者自身の人間形成に繋がっていく事）。支援（労働）行為者は、自分自身の自然の内に眠っている潜勢力を発現させ、その諸力の営みを自分自身の統御に従わせる。それ故、支援（労働）行為は合目的的な活動と言う事である。と言うのは、支援（労働）行為者は支援（労働）対象者を対象として、支援（労働）行為者の目的（支援・労働対象が使用価値を享受するのに部分的あるいは全体的に関係する事）を実現するのである。その目的は、支援（労働）行為者の頭脳の中に存在している。

　また、支援（労働）行為の過程の単純な諸契機は、合目的的な活動または支援（労働）行為そのものとその対象とその手段である。そして、支援（労働）行為の対象は、生活活動（機能）の基盤である潜在能力（抽象的人間生活力）の維持・再生産・発達・発揮の困難な状況下にいる支援（労働）対象者である。さらに支援（労働）行為の手段は、支援（労働）行為者によって支援（労働）行為者と支援（労働）対象者との間に入れられて、支援（労働）対象者への支援（労働）行為者の働きかけの導体として、支援（労働）行為者の為に役立つものまたは色々な物の複合体である。それ故、支援（労働）行為者は、その手段の色々な物的、物理的、科学的、栄養的、医学的、教育的等の性質を利用して、それらの物を、支援（労働）行為者の目的に応じて、他の色々な物に対する力手段として作用させる。土地（例えば、福祉施設を建てる場所等）と自然環境（保育園では、海辺の自然環境を利用して水泳の訓練をしているところもある）も支援（労働）行為の手段になる。要するに、支援（労働）行為の過程では、支援（労働）行為者が支援（労働）行為の手段を利用して、支援（労働）対象者の生活活動（機能）の基盤である潜在能力（抽象的人間生活力）の維持・再生産・発達・発揮に部分的あるいは全体的に関係しているのである。

　これまで筆者がその単純な諸契機について述べてきたような支援（労

働）行為の過程は、支援（労働）対象者にとっての使用価値の享受の合目的的な行為であり、また生活活動（基盤）の基盤である潜在能力（抽象的人間生活力）の維持・再生産・発達・発揮の成就と言う支援（労働）対象者の欲望を部分的あるいは全体的に満足させるものであり、さらに支援（労働）行為者と支援（労働）対象者との一般的な条件であり、全歴史を貫徹している自然条件である。従って、ある特定の歴史的形態（経済的社会構成体）に存在している相互扶助、慈善活動、救貧法、社会福祉に等しく共通なものである。それ故、筆者はどんな歴的な条件のもとで社会福祉が行われているかと言う点を捨象したのである。

(4) 歴史的規定における価値・剰余価値の社会福祉

前述においては、歴史的規定の入りこまない使用価値の支援行為の考察であった。そこで次に、歴史的規定における価値・剰余価値の社会福祉を考察して見よう。

現代資本主義社会の生産様式に絶対的に規定された国家[42]は、社会福祉のもう一つの要因、すなわち総資本が価値・剰余価値を支配し享受していく事を促進する（さらに、上部構造に位置する新自由主義改革による社会福祉財政の削減・抑制策により総資本が価値・剰余価値を支配し享受していく事を促進する）。現に社会福祉基礎構造改革によって「①これまで公立や社会福祉法人運営を原則にしてきた社会福祉分野への民間営利企業の参入。②社会福祉サービス提供・給付制度の措置制度から民法上の契約制度への変更。③社会福祉利用にともなう費用負担体系の『応能負担』主義から『応益負担』主義への変更。④生存権の権利保障体系から契約制度を合理的に機能させるための手続き的『権利擁護制度』に限定された方向への転換[43]」の改革が行われ、総資本が価値・剰余価値を支配し享受していく事を促進する事が図られている。こうした社会福祉基礎構造改革後の社会福祉においては、市場原理を導入する事に

よってますます剰余価値（利潤及び収益性）の要因が高まっていく事により、以下のような矛盾が深刻化してくる。

　矛盾の第1点は、福祉利用者を事業者や福祉施設に利益をもたらす消費者として捉えられ、福祉利用者が担っている社会問題としての生活問題が看過されると言う矛盾である。福祉利用者と言う用語は、一見、福祉利用者主体（消費者主体）の意向が反映されているような表現であるが、この用語を使用する場合、常に念頭に置かなければならない点は、福祉利用者が担っている生活問題の社会問題性である（何故ならば、真田是氏が指摘されているように、社会問題としての生活問題の「社会」は、現代資本主義的生産様式に見られるように、経済的必然性によってもたらされる問題と言う意味である[44]）。人権保障としての生存権的平等が、社会問題としての福祉利用者の生活問題を前提条件としているのは言うまでもないが、この点の認識が曖昧なものになってしまうと、国（地方自治体も含む）の公的責任も曖昧になってしまう。また、社会福祉基礎構造改革後の社会福祉においては、福祉利用者を一方的かつ単なる消費者として捉えている。果たしてそのような関係のみに捉えるのが妥当であろうか。共同作業所における福祉実践（福祉労働）から示されているように、「我々の歴史は当初から『同じ人間としての人格の対等平等』関係を大切にしてきたし、私たちの原点は、『障害者・家族の願いに応え』『障害者を主人公として』『仲間』として表現されているように、共に創る関係、共に困難を切り拓く関係であり、立場の違いや内部矛盾を内包しつつも、協力と共同関係、共感と信頼関係を基本として創られてきた歴史が[45]」が存在しているように、単なる消費者としての関係ではない。

　矛盾の第2点は、利用制度（契約制度）の導入によって、福祉利用者と福祉施設・福祉事業者との対等関係が阻害されていると言う事である。「社会福祉基礎構造改革では…、措置制度に代わり利用制度に転換することとされた。利用制度では、利用者が自ら自分の好む福祉サービスの種類と事業者を選択することができる。利用者と事業者とが対等の関係

になるのである[46]。」と述べているが、果たして対等な関係が成立するのであろうか。小松隆二氏が指摘されているように、「需給どちらの側に立とうと、市場参加者は基本的には自立し、それぞれが任意に参加し、対等の立場に立つ。その反面で、対等性の上に展開される利害の競争を前提にするので、市場で出会う需給両者は、利害がつねに一致するのではなく、むしろしばしば対立する。商品を供給するものは、できるだけ高価に、利益が多く出るように販売しようとするのに対し、需要するものは、できるだけ安価に購入し、コストを低くするように努める。いわば債権・債務関係であり、両者が利害を一つにするというよりも、むしろ利害を異にするのが常である。その結果は、出発点の任意性や対等性の原則を否定するかのように勝ち負け、不平等、差別の発生であった[47]。」（傍点、筆者）つまり、利害の競争によって対等性は損なわれると言う事である。また、福祉利用者と福祉施設・福祉事業者との対等関係と言う美辞麗句の言葉の裏に隠されている、言わば義務と責任を全て福祉利用者の当事者に負わせる「商品取引モデル」が社会福祉において妥当であるかと言う問題が存在している。と言うのは、「福祉サービスの提供が、他の消費者問題と決定的に異なるのは、利用者にとって福祉サービスを受ける事が、生存や日常生活の維持に必要不可欠であり、譬えどんなサービスであっても取り敢えずの生存を確保する為に利用をせざるを得ないものである事、しかも施設であれば24時間、在宅や通所のサービスでも一定の時間、サービス提供者と継続的な関係を維持しなければならないと言う特殊な関係性を有している事である。この関係性から、そもそも利用者自身が、事業者と対等な関係に立って、自己に適切なサービスを選択して契約を締結したり、サービスの提供内容について要望や苦情を出してサービスの質の改善を求める事には、内在的・本質的な制約があるといってもいいのである[48]。」

　矛盾の第3点は、福祉利用者の自立を支援していくと言いながら、福祉利用者の自立を阻害していると言う矛盾が存在している。「社会福祉

で今日最も大切な基本理念の一つは、個人の尊厳である。憲法第十三条に掲げられているが、一人ひとりが一人の人間として尊重され、プライドをもって自己実現を図っていく事である。これは個人としての自立という事にも連結する。人間としてその人らしく自立する事は、個人の尊厳を保持する事と同じである。この自立を支援する事が、社会福祉の機能である[49]。」と述べているが、果たして自立生活を支援する事になっているのであろうか。つまり、障害のある人々の障害者総合支援法を例にして考えれば、「利用者の負担は、世帯の家計の負担能力に応じたものとするのが原則[50]」となっているが、世帯単位で費用負担を決定している事が自立生活の阻害に連結していると言う事である。と言うのは、福祉利用者の負担能力において扶養義務者の所得をも加味する時は、障害のある人々が福祉サービスを利用するに当たって扶養義務者の意向を無視する事ができなくなり、障害のある人々が扶養義務者から自立する事ができなくなるからである。

　矛盾の第4点は、社会福祉政策は本来、使用価値＝公益を高めていくものでありながら、寧ろ使用価値＝公益を阻害していると言う矛盾が存在している。つまり、「社会福祉そのものは、資本の論理や営利活動とは原則として相いれず、非営利の公益原理に基づくものである。国・自治体の福祉に関する政策や活動は勿論、民間の団体や個人の福祉に関する処遇やサービスのような事業・活動も、原則として公益原理に沿うものである[51]。」にもかかわらず、市場福祉を促進し、減価償却費の導入など一般企業の会計システムを基本として利益の追求が目指されている。

　矛盾の第5点は、市場福祉における競争によって福祉サービスの質の向上が予定されているにも拘わらず、寧ろ福祉サービスの質の低下を招いていると言う矛盾が存在している。福祉サービスの質を規定しているものは、社会福祉労働手段等もさりながら社会福祉労働者自身の質が大きく規定しているし、また、社会福祉労働者自身の質を規定しているも

のは訓練（教育や研究も含む）・資格（社会福祉士や介護福祉士等）や労働条件等である。ところが、福祉施設・福祉事業者が利益を高めていく為には剰余価値を高めていく必要があり、その為には社会福祉士や介護福祉士等の無資格者の採用や低賃金かつ劣悪な労働条件を強いると言う矛盾が生成してくる。ゼンセン同盟・日本介護クラフトユニオンの2000年6月から7月にかけての「介護事業従事者の就業実態調査」によれば、「給与の支給形態は、時間給45.8％、月の固定給が45.1％である。時間給制では、1,000円台が41％と最も多く、1,500円未満と合わせると70％に及ぶ。一方、月の固定給制では、金額で最も多い層が15万円から20万円が53％、次いで20万円から25万円が23.3％、そして15万円未満が14.9％であった。また、通勤費については、一部負担が13.4％、なしが20.6％に及ぶ。業務に就く為の移動時間については、有給が50％強に留まっている（なお、待機時間については、登録ヘルパーの91.5％、パートヘルパー57.3％が無給となっている[52]）。」そして、「ヘルパーの雇用形態が、正規・常勤ヘルパーの解雇・非常勤・パート化、有償ボランティア・登録ヘルパーへの転換など、雇用・身分の不安定化が急速に進んでいる[53]。」そして、介護福祉士や社会福祉士訓練も疎かにされている。こうした雇用形態や労働条件等の労働実態から言える事は、実質的な福祉サービスの質の低下を招いていると言える。

　矛盾の第6点は、民間企業の参入促進等の市場福祉が図られている一方において、国や地方自治体の公的責任の縮小が行われていると言う矛盾が存在している。国や地方自治体の公的責任は、「利用者の尊厳を確立し、費用負担のための費用を工面し、サービスの供給基盤を整備することである[54]。」と述べているが、果たしてどのような公的責任であろうか。

　社会福祉基礎構造改革後の社会福祉においては、福祉利用者が福祉サービスを市場で購入する事を前提に、福祉利用者の購買力を公費や保険給付の形で補完すると言う利用者補助方式を導入した点にある。そし

て、伊藤周平氏が指摘されているように、「こうした利用者補助方式では、行政責任として現れる国や地方自治体の公的責任の範囲は、従来の措置制度のもとでのサービスの提供と言った直接的なものから利用者の購買力の補完、さらにはサービスの調整などといった間接的なものに縮小、矮小化される。実際、従来の社会福祉事業法第三条では、社会福祉事業の担い手について、社会福祉法人などと並んで『国、地方公共団体』が明記され、同法五条の一では、福祉サービスの実施責任を他者に転嫁することは禁じられていたが、改正社会福祉法では、旧法のこれらの条文が削除され、国や地方自治体の行政責任は、福祉サービスの提供体制の確保、利用促進のための情報提供や相談援助など間接的役割に縮小されている（社会福祉法第六条、第七十五条）[55]。」つまり、「社会福祉基礎構造改革で言われている国や地方自治体の公的責任とは、あくまでも、福祉サービスの直接的な提供責任ではなく、サービスの情報提供や利用援助といったコーディネイト的な責任にすぎない。福祉サービスの供給は、営利法人も含めた民間事業者に委ねる事を前提に、そうした民間企業の誘致などを行う事が『供給体制の整備』とされているので[56]」、その結果、基盤整備の不十分さが存在している。因みにその実態を見ると、「きょうされん」が2002年3月末日を基準日に実施した「障害者の為の社会資源の設置状況等についての調査」によれば、「支援費制度の対象となる福祉施設・事業所をすべて備える市町村は皆無であり、また、これらの福祉施設・事業所がまったくない市町村が14.9％もあると言う結果が明らかになっている。さらに福祉施設・事業別に見ると、通所型福祉施設がない（73.0％）、グループホームがない（73.1％）、デイサービスがない（86.6％）、ショートステイがない（60.9％）となっている。」こうした基盤整備の不十分さの結果、福祉利用者の福祉サービスの選択も抑制され、選択と言う言葉の形骸化が生成してくる。

　矛盾の第7点は、社会福祉政策が市場福祉（契約制度）に従属（補完）している為、権利擁護システムが形骸化していると言う矛盾が存在して

いる。と言うのは、伊藤周平氏が指摘されているように、「まず成年後見制度を見ても、担い手となる後見人の不足、経費等の問題等で障害のある人々の親がその役割を担っており、親亡き後の将来的な実効性が担保されていない。次に地域福祉権利擁護事業においては、本人にある程度の判断能力があることが前提で、対象者も在宅の知的障害のある人々に限定して解釈されているところに問題がある（判断能力を欠き、身寄りのない知的障害のある人々等の場合、市町村長の申立てによる成年後見制度の利用となるが、「家庭裁判所月報」によると2002年で258件と全体の1.9％で少数である）[57]。」「また、契約締結に関しては、法的には、いかに、本人が信頼する者であっても、正当な代理権の付与なしに本人になり代わって本人の名で記名捺印し、契約を結ぶことは違法である。成年後見制度が普及するまでの暫定措置とは言え、こうした違法行為を肯認する………厚労省の見解には問題がある。一方、サービス利用に関する苦情などについては、事業者と利用者の間で解決する事が基本とされ（社会福祉法第八十二条等）、事業者にサービスの自己評価や第三者が加わった福祉施設内における苦情解決のしくみの整備が求められている（社会福祉法第七十五条第一項、第七十八条等）。事業者と利用者との当事者間で解決できない苦情に関しては、都道府県社会福祉協議会に設けられた運営適正化委員会により解決をはかるとされ、また市町村も、サービス利用に関する苦情又は相談に応じることとされている（身体障害者福祉法第九条第三項及び第十七条の三第一項、知的障害者福祉法第九条第三項及び第十五条の四第一項、児童福祉法第二十一条の二十四第一項及び第二項）。とは言え、事業者に対する直接の指導監督は都道府県が行い、市町村は実施主体であるが、指定取り消し等の権限を有しているわけではないため、苦情解決といっても、ほとんど形式的な苦情相談で終わっているのが実情である[58]。」このように現行の権利擁護事業は、形骸化が進んでいる。つまり、権利擁護事業は、市場福祉に従属し、判断能力が不十分な人々が自己責任により福祉サービスを購入する事を可

能にする為の役割を担わされていると言ってもよい。

　矛盾の第8点は、社会福祉において追加搾取を強めていく為に、不公平税制を強め、その一方において、社会福祉における応益負担（社会福祉の利用の際の利益に応じて費用を負担する事）の強化と社会福祉財政の削減・圧縮（垂直的所得再分配の絶対的な縮小を意味する）・抑制策の強化と言う矛盾が深刻化する。因みにその不公平税制の実態を見ると、梅原英治氏が指摘されているように、「所得階級別の所得税負担は、高所得層ほど金融所得が多くて分離課税の恩恵を受けるので、合計所得が一億円を超えるほど負担率が低くなっている[61)]。」そして、「法人税の基本税率は1989年度まで40％だったのが、90年度から37.5％、98年度から34.5％、99年度から30％、2012年度から25.5％に引き下げられた。さらに研究開発投資減税の拡充（2003年度）による負担率の引き下げのほか、組織再編成税制の創設・改定（2001、2007年度）、連結納税制度の創設（2002年度）、欠損金繰越期間の延長（2004年度、2001年分から遡及適用）、減価償却制度の抜本見直し（2007、2008年度）、外国子会社配当の益金不算入（2009年度）などによる課税ベースの縮小60)」が行われている。「要するに、法人所得が増加しても、法人税負担が増えないようにされてきたのである[61)]。」

（5）統一（総合）規定における社会福祉と課題

　以上のように社会福祉の中には対立的な要因、つまり福祉利用者にとっての使用価値の要因と国家・総資本にとっての価値・剰余価値の要因が存在し、この対立的要因は「一方では、お互いに他を予想しあい、制約しあっているが、しかも同時に他を否定しあい、排除しあっているという関係にある[62)]」と言う矛盾対として統一（総合）されているが、これが社会福祉に内在している発展の原動力である。では前述の矛盾を打開し、剰余価値としての社会福祉を没落させ、福祉利用者にとっての

使用価値を高めていく社会福祉の実践（労働）課題を考察していこう。

まず第1点の福祉実践（福祉労働）課題は、社会福祉は現代資本主義社会の生産様式（特に生産関係、つまり生産手段・生活手段が資本の所有にあり、その為に生産物〔社会福祉に必要とされる財貨及びサービスも含めて〕と言う富の私的取得が可能になると言う仕組）に絶対的に規定されているので、また社会福祉労働者は社会福祉労働の為に必要な社会福祉労働諸条件（福祉施設及び福祉事業所等）から分離されているので（社会福祉労働者の労働力の商品化）、不破哲三氏が指摘されているように、「生産手段（福祉労働手段―挿入、引用者）を社会の手に移すことが、（現代資本主義社会における社会福祉労働内の使用価値と価値・剰余価値の矛盾対―挿入、引用者）の解決の合理的な仕方となる[63]」事が将来の課題となる。つまり、生産手段を社会の手に移す事は、生産手段の社会化[64]である。また聽濤弘氏も指摘されているように、「生産手段の私的・資本主義的所有を社会的所有に転化することである。これは一過的な『立法的措置』によって樹立される側面と、生産関係の総体としての社会的所有を持続的に確立していく側面とがあり、それぞれ区別されなければならない。前者は法的形態であり、後者は経済的実態である。経済的実態の内容は一過的な行為によって労働者が生産手段の所有者になるというだけではなく、生産手段を労働者が管理・運営することができ、労働者が搾取から解放され生産の真の『主人公』になることを意味する[65]。」そして、「社会主義社会の経済的民主義を確立するために、生産手段の社会化の多様な具体的形態が考えられている。国家、地方自治体、協同組合、株式会社、労働組合、全社員自主管理等を基礎とする多様な所有形態が存在する[66]」。そして、社会福祉労働諸条件（福祉施設及び福祉事業所等）の社会化後は、福祉労働は賃労働と言う疎外された姿態を脱ぎ捨て、大谷禎之介氏が指摘されている事を福祉労働に置き換えて考えてみると次のようなアソーシエイトした福祉労働の特徴を持つ。「①福祉労働する諸個人が主体的、能動的、自覚的、自発的に

アソーシエイトして行う福祉労働である。経済的に強制される賃労働は消滅している。②福祉労働する諸個人が福祉利用者に直接的に対象化・共同化する社会的な福祉労働である。③福祉労働する諸個人が全福祉労働を共同して意識的・計画的に制御する行為である。福祉利用者の生活活動（機能）の基盤である人間らしい健康で文化的な潜在能力の維持・再生産・発達の成就を目的意識的に制御すると言う人間的本質が完全に実現される。④協業・自治として行われる多数の福祉労働する諸個人による社会的労働である。社会的労働の持つ福祉労働力はそのまま彼かつ彼女らの福祉労働の社会的労働力として現れる。⑤福祉利用者を普遍的な対象とし、協働・自治によって福祉利用者を全面的に制御する福祉実践的行為、即ち福祉労働過程への科学の意識的適用である。⑥力を合わせて福祉労働過程と福祉従事者とを制御する事、また目的（福祉利用者の人間らしい健康で文化的な潜在能力の維持・再生産・発達の成就）を達成する事によって、福祉実践者に喜びをもたらす人間的実践、類的行動である。だから福祉労働は諸個人にとって、しなければならないものではなくなり、逆になによりもしたいもの、即ち第一の生命欲求となっている。⑦福祉労働する諸個人が各自の個性と能力を自由に発揮し、全面的に発展させる行為である。福祉労働する諸個人が共同的社会的な活動のなかで同時に自己の個性を全面的に発揮し、発展させる事ができる福祉労働である事、これこそがアソーシエイトした福祉労働の決定的な人間的本質である」（基礎経済科学研究所編『未来社会を展望する』大月書店、2010年、17-18頁）。それゆえアソーシエイトした福祉労働は、福祉利用者にとって社会福祉労働の使用価値を高めていく事になる。しかもアソシエーションにおける社会的総労働生産物のうち次のものが控除されると指摘されている。「第一に、直接的に生産に属さない一般的な管理費用。第二に、学校、衛生設備などのような、諸欲求を共同でみたすためにあてられる部分。第三に、労働不能なものなどのための、要するに、こんにちのいわゆる公的な貧民救済にあたることのための基金」

（マルクス／エンゲルス〔後藤洋訳〕『ゴータ綱領批判／エルフルト綱領批判』新日本出版、2000 年、26 頁）のように、福祉に必要な基金を社会的総労働生産物からあらかじめ差し引くとしている。

　第 2 点の福祉実践（福祉労働）課題は、梅原英治氏が指摘されているように、「消費税がその逆進的負担構造のために所得再分配機能を低め[67]」ているので、「消費税の増税によらず、所得税・法人税・資産課税を再生する[68]」事が課題である。「所得税では、総合・累進課税を追求し、税率については、後退させられてきた累進を少なくとも 1998 年水準（最高税率 75%）には回復する必要がある。2013 年度税制改正大綱では、所得税の最高税率について、現行 1800 万円超 40% を 2015 年度から 400 万円超 45% に引き上げたが、『所得再分配機能の回復』と呼ぶには不十分である。とりわけ配当所得・株式譲渡益に対する時限的軽減税率（2013 年末まで 10%）の適用をただちにやめて本則 20% に戻し、高額の配当・譲渡益に対してはさらに高い率を適用すべきである[69]。」「法人税では、2015 年からの税率引き下げ（30 - 25.5%）を中止し、研究開発税、連結内税制度などの大企業優遇措置をやめることが必要である。そして独立課税主義に立脚して、法人の規模・負担能力・受益の度合いにもとづき適正な税負担を求める法人税制を確立すべきである（段階税率の導入や受取配当金不算入制度の廃止など）。移転価格やタックスヘイブン（軽課税国）などを利用した国際的租税回避は徹底的に防止しなければならない[70]。」また聴濤弘氏が指摘されているように、「福祉の財源がないなら剰余価値から引き出せば良いのである。……。その上で若干具体的にみると現に大企業は 250 兆円もの内部留保を持っている。いま社会保障給付費は 94 兆 849 億円である（2008 年）。部門別では医療費 29 兆 6,117 億円、年金 49 兆 5、443 億円、福祉その他 14 兆 9,289 億円である。内部留保を引き出せるなら、社会保障の面でも非正規社員問題でも巨大な事ができる事は明瞭である。問題はどのようにして引き出せるかである。賃上げ等の経済的手段で引き出せる方法がある。しか

し直接、財源を確保する為には内部留保が違法に蓄えられているものでない以上、内部留保に課税できるように税制を変える必要がある。」（聽濤弘著『マルクス主義と福祉国家』大月書店、2012年、162-163頁）さらに「福祉財源の確保の為に金融投機を規制する金融取引税（トービン税）の導入も緊急の課題である。トービン税の提唱者であるアメリカのノーベル賞受賞経済学者ジェームス・トービン氏の試算では、1995年時点のアメリカで為替取引に0.1％の税を掛けただけで3,120億ドルの税収が得られるとしている。」（聽濤、前掲書、163頁）

　第3点の福祉実践（福祉労働）課題は、具体的権利規定の法制化である。と言うのは、社会福祉事業から「社会福祉法への改正による基本的な問題点のひとつとして、この改革が、利用者の権利制を明確にし、選択や自己決定を保障するものとされながら、そしてそのための権利擁護の諸制度を創設したとされながら、社会福祉法上の規定として、福祉サービス利用者の権利性を明確に定めた規定が一切ないという根本的欠陥がある[71]。」また、障害のある人の総合支援法をはじめとした福祉関連諸法にも、福祉利用者の権利性を規定する規定が盛り込まれなかったという問題がある。それ故、次のような具体的な権利の法制化が課題である。つまり、河野正輝氏が指摘されているように、「(1) 社会福祉の給付請求の権利（給付の要否や程度は、行政庁の一方的な裁量によって左右されるのではなく、社会福祉の必要性の有する人々の請求権に基づいて決定される。そして、給付請求権を権利として受給できるためには、①給付を申請することができること、②適切な基準を満たした給付内容を求めることができること、③いったん決定された給付を合理的な理由なく廃止されないこと等の規範的要素が満たさなければならない）、(2) 社会福祉の支援過程の権利（社会福祉の支援過程で誤ったケアや虐待等が行われないことが重要である。その為には、①福祉サービスの種類・内容及びこれを利用する時の権利と義務について知る権利、②自己の支援方針の決定過程に参加する権利、③福祉施設利用者の場合、自治会活

動を行い、それを通じて福祉施設の管理運営及び苦情解決に参加する権利、④拘束や虐待等の危害・苦役からの自由の権利、⑤通信・表現・信教の自由の権利、⑥プライバシーの権利、⑦貯金・年金など個人の財産の処分について自己決定の権利等が保障されること)、(3) 社会福祉の費用負担の免除の権利（社会福祉の必要性によって誰でも普遍的に給付請求権が保障される為には、一定の所得以下で社会福祉を必要としながら、それに要する費用を負担できない人々に対して負担の免除が伴うのでなければならない。したがって、①免除を申請することができること、②免除の決定処分を求めることができること、③あらかじめ定められた徴収基準に反する徴収額に対してはその取り消しを求めることができる等が当然に求められなければならない)、(4) 社会福祉の救済争訟の権利（社会福祉の給付の内容や費用負担の額等を巡って権利が侵害された時、苦情の申し立て、不服申し立てや訴訟を提起して救済を求めることが保障されなければならない。現行では社会福祉法による苦情解決から、社会保険審査官及び社会保険審査会法、行政不服審査法及び行政事件訴訟法等がある。行政処分に対する不服審査や訴訟等の手段は厳格な手続きを必要とするので、支援過程の苦情解決には必ずしも適さない場合もある。そこでオンブズマン方式等の苦情解決の取り組みが広がりつつある。また、独立の救済機関を設置する）の４つの権利[72]」の下に、国及び地方自治体（都道府県、市町村）の財政責任及び運営責任の下での公的責任を担保した上で、市町村が直接、社会福祉を提供していく現物給付型の仕組みを構築していく事が課題である。

　第４点の福祉実践（福祉労働）課題は、福祉利用者が社会福祉労働（社会福祉労働手段を含む）を効率的に享受し人間らしい健康で文化的な生活を成就する為にも、福祉利用者の生活活動（機能）の基盤である潜在能力の顕在化（発揮）保障の確立と福祉教育等による機能的潜在能力の発達である。と言うのは、アマルティア・センが前述されているように、福祉は福祉利用者が実際に成就するもの—彼/彼女の「状態」（being）

はいかに「よい」（well）ものであるか―に関わっているものであるから（傍点、筆者）、福祉利用者の能動的・創造的活動（例えば、障害のある人の授産施設で一定の労働ができること等）の生活活動（機能）の基盤である潜在能力や受動的・享受活動（例えば、施設で出された食事を味わい適切な栄養摂取ができること等）の生活活動（機能）の基盤である潜在能力が重要となってくる。従って、福祉サービス（手段）そのものの不足・欠如のみの評価に固執するのではなく、さらに手段を目的（福祉利用者が社会福祉を使用して人間らしい健康で文化的な生活活動（機能）の基盤である潜在能力＝抽象的人間生活力・抽象的人間労働力の維持・再生産・発達・発揮の享受及び成就）に変換する福祉利用者の能動的・創造的活動と受動的・享受活動の生活活動（機能）の基盤である潜在能力の不足・欠如にも注目していく必要がある。もし福祉利用者にこれらの生活活動（機能）の基盤である潜在能力に不足・欠如があるならば、これらの機能的潜在能力の発達の為の学習活動や支援活動等が必要であり支援していく事が課題であるが、これらの機能的潜在能力の内容はアマルティア・センの共同研究者であるマーサC. ヌスバウム氏の指摘が参考になる。つまり、マーサC. ヌスバウム氏は、機能と密接な関係があるケイパビリティ（潜在能力）を次のように指摘している。「①**生命**（正常な長さの人生を最後まで全うできること。人生が生きるに値しなくなる前に早死にしないこと）、②**身体的健康**（健康であること〔リプロダクティブ・ヘルスを含む〕。適切な栄養を摂取できていること。適切な住居にすめること）、③**身体的保全**（自由に移動できること。主権者として扱われる身体的境界を持つこと。つまり性的暴力、子どもに対する性的虐待、家庭内暴力を含む暴力の恐れがないこと。性的満足の機会および生殖に関する事項の選択の機会を持つこと）、④**感覚・想像力・思考**（これらの感覚を使えること。想像し、考え、そして判断が下せること。読み書きや基礎的な数学的訓練を含む〔もちろん、これだけに限定されるわけではないが〕適切な教育によって養われた〝真に

人間的な方法でこれらのことができること。自己の選択や宗教・文学・音楽などの自己表現の作品や活動を行うに際して想像力と思考力を働かせること。政治や芸術の分野での表現の自由と信仰の自由の保障により護られた形で想像力を用いることができること。自分自身のやり方で人生の究極の意味を追求できること。楽しい経験をし、不必要な痛みを避けられること）、⑤**感情**（自分自身の周りの物や人に対して愛情を持てること。私たちを愛し世話してくれる人々を愛せること。そのような人がいなくなることを嘆くことができること。一般に、愛せること、嘆けること、切望や感謝や正当な怒りを経験できること。極度の恐怖や不安によって、あるいは虐待や無視がトラウマとなって人の感情的発達が妨げられることがないこと〔このケイパビリティを擁護することは、その発達にとって決定的に重要である人と人との様々な交わりを擁護することを意味している〕）、⑥**実践理性**（良き生活の構想を形作り、人生計画について批判的に熟考することができること〔これは、良心の自由に対する擁護を伴う〕）、⑦**連帯**（Ａ　他の人々と一緒に、そしてそれらの人々のために生きることができること。他の人々を受け入れ、関心を示すことができること。様々な形の社会的な交わりに参加できること。他の人の立場を想像でき、その立場に同情できること。正義と友情の双方に対するケイパビリティを持てること〔このケイパビリティを擁護することは、様々な形の協力関係を形成し育てていく制度を擁護することであり、集会と政治的発言の自由を擁護することを意味する〕　Ｂ　自尊心を持ち屈辱を受けることのない社会的基盤をもつこと。他の人々と等しい価値を持つ尊厳のある存在として扱われること。このことは、人種、性別、性的傾向、宗教、カースト、民族、あるいは出身国に基づく差別から護られることを最低限含意する。労働については、人間らしく働くことができること、実践理性を行使し、他の労働者と相互に認め合う意味のある関係を結ぶことができること）、⑧**自然との共生**（動物、植物、自然界に関心を持ち、それらと拘わって生きること）、⑨**遊び**（笑

い、遊び、レクリエーション活動を楽しむこと）。⑩**環境のコントロール**（**A政治的**　自分の生活を左右する政治的選択に効果的に参加できること。政治的参加の権利を持つこと。言論と結社の自由が護られること。**B物質的**　形式的のみならず真の機会という意味でも、〔土地と動産の双方の〕資産を持つこと。他の人々と対等の財産権を持つこと。他者と同じ基礎に立って、雇用を求める権利を持つこと。不当な捜索や押収から自由であること）」（Martha C. Nussbaum（池本幸生・その他訳）『女性と人間開発—潜在能力アプローチ—』岩波書店、2005年、92-95頁）。そして、機能的潜在能力の発達の学習活動や支援活動等の実践例として次のような障害のある人の福祉施設（社会福祉法人大木会「あざみ寮」）での社会福祉労働が挙げられる。「単に『生きているだけ』ではなく『人間らしく生きる』ことが求められているのはいうまでもありません。人間らしく生きるために、憲法では多くの権利を保障しています。この人間らしく生きる権利の一つに『学ぶ』権利があります。どんなに障害が重くても学ぶ権利があるのです、……学ぶことは、人間らしく生きること、さらにより豊かに生きることを、障害の重い人たちの分野でも証明しているのです[73]。」つまり、社会福祉労働においては、人間らしい健康で文化的な生活活動（機能）の基盤である潜在能力（抽象的人間生活力・抽象的人間労働力）の維持・再生産・発達・発揮が享受あるいは成就できる社会福祉の法制度・施設等の量的及び質的保障の側面（福祉政策的実践＝労働）と社会福祉の特性（固有価値）を活かして、福祉利用者が人間らしい健康で文化的な生活活動（機能）の基盤である潜在能力（抽象的人間生活力・抽象的人間労働力）の維持・再生産・発達・発揮が享受及び成就できる生活活動（福祉利用者の能動的・創造的生活活動と受動的・享受的生活活動の潜在能力の発揮）の支援の側面（福祉臨床的実践＝労働）の統一的実践（労働）が課題である。

　第5点の福祉実践（福祉労働）課題は、福祉利用者の能動的・創造的活動（例えば、料理を作る事等）と受動的・享受活動（例えば、料理を

味わい適切な栄養摂取を行う事等)の潜在能力の発揮を促進していく場合、社会福祉労働者は福祉利用者の能動的・創造的活動と受動的・享受活動の潜在能力の認識と支援していく事を社会福祉現場での労働経験によって積み重ね、知的熟練と福祉利用者の能動的・創造的活動と受動的・享受活動の潜在能力を引き出すコミュニケーション能力を向上させていく事が課題である。それには社会福祉労働者の労働・賃金条件の保障と職場での裁量権・自治の確立が必要である。つまり、二宮厚美氏が指摘されているように、前者は「長時間・過密労働に追い込んではならない、生活苦や不安・悩みを抱え込まざるをえない処遇・賃金条件のもとにおいてはならない、ということです。安い賃金で福祉労働者をこき使ってはならない[74]」。後者は、「現在の福祉現場では、新自由主義的改革のもとで、市場化の嵐が吹き荒れる一方で、逆にその内部では、労働のマニュアル化にそった管理主義、福祉施設のトップダウン型リーダーシップの強化などが横行してい[75]」る中で、「福祉の職場では専門的裁量権にもとづく自治が必要[76]」であると考える。何故ならば、「社会福祉の職場は社会福祉労働者と福祉利用者が相互のコミュニケーションによって運営していく場だと考えるし[77]」、その方が福祉利用者の能動的・創造的活動と受動的・享受活動の潜在能力を引き出せると考える。

　第6点の福祉実践(福祉労働)課題は、今後、市町村を中心とした地方主権型福祉社会が重要であるならば、地方主権型福祉社会の財政(財源)的基盤となる地方主権的財政(財源)システムを構築していく事である。それには、神野直彦氏が指摘されているように、次のような方法による地方主権的財政(財源)システムの構築が重要である。例えば、「比例税率で課税される比例所得税を、地方税体系の基幹税に据えることは日本では容易である。つまり、個人住民税を10％の比例税にした結果をシュミレーションして見ると、国税の所得税から地方税の個人住民税に3兆円の税源移譲が実現する(2007年に3兆円の税源委譲が実現した)。しかし、地方税体系としては、比例的所得税を基幹税とするだけ

では不十分である。と言うのは、比例的所得税では、所得を受け取った地域でしか課税できないし、他の市町村に居住している人々で、その市町村で事業を営む人々、あるいは事業所に働きに来る人々にも課税できないので不十分である。なぜならば、むしろ居住者よりも事業活動をしている人々や働いている人々の方が、市町村の公共サービスを多く利用している。そこで所得の分配地で分配された所得に比例的に課税するだけでなく、所得の生産局面で課税する地方税として事業税が存在しているので、事業税を所得型付加価値税（IVA「所得型付加価値税」＝ C「消費」＋I「投資」－ D「減価償却費」＝GNP「国民総生産」－ D ＝NNP「国民純生産」＝ W「賃金＋利子＋地代」＋ P「利潤」）に改めることによる「事業税の外形標準化」として実現する。事業税を所得型付加価値税に改めれば、事業税が事業活動に応じた課税となる。そうなると市町村は、公共サービスによって地域社会の事業活動を活発化すればするほど、安定的な財源が確保できる。さらに地方税体系は、こうした所得の生産局面に比例的に課税される地方税を追加しただけでも不十分である。と言うのは、所得の生産局面での課税では、その市町村で生産活動を行う人々にしか課税されないからである。市町村には生産活動だけではなく、観光地や別荘地に見られるように、消費活動を行いに来る人々も市町村の公共サービスを利用しているので、消費に比例した負担を拡充することが必要である。つまり、日本では、現在、こうした地方税としての地方消費税が存在しているので、この消費税のウエイトを拡充していけばよいことになる[78]。」「このように地方税では所得循環の生産・分配・消費と言う３つの局面でバランスをとって課税する必要があり、こうした地方税体系を構築していくことが社会福祉の財源の税方式にとって必要であり課題でもある[79]。」そして、こうした地方税体系でもってしても、人間らしい健康で文化的な最低限度の生活保障である社会福祉の推進の財政（財源）に市町村間の格差が発生した場合、国の地方交付税によって是正していく事が必要となる。

第 7 点の福祉実践（福祉労働）課題は、社会福祉財政の削減・圧縮・抑制と社会福祉法制度の改悪に反対する民主統一戦線の結成である。社会福祉の発展を図り福祉利用者にとっての社会福祉の使用価値を高めていく為には、富沢賢治氏が指摘されているように、「国家独占資本主義の手にゆだねて矛盾の増大を許すか、あるいは民主主義的な手続きにもとづいて[80]」社会福祉の歪みを正し、福祉利用者の人間的欲求に見合った社会福祉の発展を図っていく必要がある。民主的な統一戦線を結成する為には、福祉利用者及び社会福祉労働者を中心とする「労働者階級が中心的な社会的勢力として主導的な役割を果たし[81]」、「労働者階級の階級的民主統一戦線が不可欠の条件となる[82]。」が、「第一に、要求にもとづく統一行動の発展が必要である。統一行動発展の基本原則は、①一致点での統一、②自主性の統一、③対等・平等と民主的運営、④統一を妨げる傾向にたいする適切な批判、⑤分裂・挑発分子を参加させないことである。第二に、統一行動の繰り返しだけではなく、政策協定と組織協定にもとづいた全国的規模の統一戦線を結成することが必要である[83]。」社会福祉基礎構造改革後の社会福祉は、国の財政難を理由に新自由主義的（新自由主義の考え方は、社会の資源配分を市場の自由競争で実現しようとする。そして、国家の経済への介入は市場の自由競争を制約すると言うことから、国家の福祉への介入も批判する。しかも市場の自由競争によってもたらされた生活の不安定や貧困を市場の自由競争の強化で解決しようとするので、明らかに生活の不安や貧困を拡大するものである）な市場原理の導入・公的資源の削減等といった構造改革の基調が色濃く影響している。そして、構造改革の基調であった適者生存的な市場原理や公的責任の縮小だけが残るとすれば、国民の求める社会福祉に逆行することは言うまでもない。それ故、生活の場である地域（市町村）から、地域住民の社会福祉の必要性や福祉現場の実情を踏まえた議論を積み重ねて、どのような社会福祉が望ましいのかについての合意を形成する事が求められている。合意形成においては、社会福祉協議会

が「地域の社会福祉問題を解決し、住民生活の向上を目的にした地域住民と公私の社会福祉機関・団体より構成された民間組織[84]」であり、しかも社会福祉基本要綱においても「社会福祉協議会を『一定の地域社会において、住民が主体となり、社会福祉、保健衛生その他住民生活の改善向上に関連のある公私関係者の参加、協力を得て、地域の実情に応じ、住民の福祉を増進することを目的とする民間の自主的な組織である』[85]」とするならば、市町村の社会福祉協議会の役割が重要になってくる。また、さらに重要なのは、それぞれの市町村において、高齢者運動・保育運動・障害のある人の当事者運動等が相互に社会福祉労働者の労働組合等と連携を模索しながら、社会福祉基礎構造改革後の社会福祉に内在している矛盾と実践（労働）課題を多くの地域住民に知らせ、その矛盾をそれぞれの市町村における政治的争点にしていく運動の広がり、また運動の側から、社会福祉再編の構想を提示していく活動が、社会福祉の普遍化や福祉利用者本位等の社会福祉の形成に連結していくものであり、いま早急に運動側からの社会福祉再編構想の提示が求められていると考えられる。

【注】

1) 資本主義的生産様式の「その特徴は、生産手段の資本主義的所有に基づいて資本家が賃労働者を搾取することにある。この生産様式では、剰余価値の生産が直接的目的であり、生産の決定的な動機である。資本主義のもとでは、生産の社会的性格と取得の私的資本主義的形態との矛盾が基本矛盾となっている。生産力の発展にともない、資本主義的生産関係は社会化された生産力の障害物となる。」（社会科学辞典編集委員会編『社会科学辞典』新日本出版社、1967年、125頁）。
2) 大友信勝「社会福祉原論研究の意義と課題」（大友信勝・その他編『社会福祉原論の課題と展望』高菅出版、2013年、17頁）。
3) 栃本一三郎「国際比較制度研究のあり方―制度からの接近」（阿部志郎・その他編『社会福祉の国際比較』有斐閣、2000年、53頁）。
4) カール・マルクス（武田隆夫・その他訳）『経済学批判』（岩波書店、1956年、239-240頁）。
5) 大友、前掲書、17-18頁。

6) アマルティア・セン（鈴木興太郎訳）『福祉の経済学』（岩波書店、1988年、15頁）。
7) 松村一人著『変革の論理のために』（こぶし書房、1997年、41頁）。
8) 宮本みつ子「生活財の体系」（松村祥子・その他著『現代生活論』有斐閣、1988年、61頁）。
9) 宮本、前掲書、62頁。
10) 社会科学辞典編集委員会編、前掲書、69頁。
11) 富沢賢治氏は、「社会構成体という概念は、社会の基本的な構造とその変動のシステムを明らかにするために、人間の現実的な生活過程の実体的な諸契機を、生産様式・生産関係が社会の土台をなすという観点から、理論的に抽象化・構造化してとらえかえしたものとして理解されうる。」（富沢賢治「社会構造論」『労働と生活』世界書院、1987年、22頁）とし、「さらにまた、全社会的生活過程を内容としてとらえ」（富沢、前掲書、23頁）、「全社会的生活過程は、①経済的生活過程、②社会的生活過程、③政治的生活過程、④精神的生活過程、という四つの側面から成る。」（富沢、前掲書、23頁）とされている。
12) マルクス=エンゲルス（真下信一訳）『ドイツ・イデオロギー』（大月書店、1992年、54頁）。
13) マルクス=エンゲルス（真下信一訳）、前掲書、54頁。
14) 富沢、前掲書、23頁。
15) 富沢賢治氏は、「社会的生活過程で問題とされるのは、全体社会あるいは社会総体ではなく、血縁関係と地縁関係からはじまる種々の人間関係（男女関係、親子関係、家族、地域集団、部族、種族、民族など）あるいは主として人間の再生産（自己保存と種の生産）と人間の社会化（社会学でいうsocialization）に関連する小社会集団といった、全体社会の内部に存在する部分社会に関係する生活過程である。経済的生活過程のもっとも基本的な問題が生活手段の生産だとすれば、社会的生活過程のもっとも基本的な問題は人間の生産だといえる。」（富沢、前掲書、25頁）と述べられている。
16) 富沢賢治氏は、「政治的生活過程で問題とされるのは、諸個人、諸集団の政治的諸関連である。これらの関連を階級関係視点から社会構成体のなかに構造化・形態化してとらえかえしたものが『法的・政治的諸関係』『国家形態』である。」（富沢、前掲書、25頁）と述べられている。
17) 富沢賢治氏は、「精神的生活過程は諸個人、諸集団の精神的な生産―コミュニケーション―享受の過程であり、ここで問題とされるのは諸個人、諸集団の精神的諸関連である。精神的生活過程が生み出す産物は、言語、芸術、科学などが数多いが、これらの産物のなかでもとりわけ階級関係に規定されるところが大きい政治理念、哲学、宗教などが、『社会的意識形態』として社会構成体のなかに形態化・構造化される。」（富沢、前掲書、25頁）と述べられている。
18) カール・マルクス（杉本俊朗訳）『経済学批判』（大月書店、1953年、15頁）。

19) 例えば、新自由主義思想（精神的生活過程）により、社会福祉財政の削減・圧縮・抑制が行われているのはもっとも良い例である。
20) 社会科学辞典編集委員会編、前掲書、125頁。
21) カール・マルクス、前掲書、256頁。
22) 真田是編『社会福祉労働』（法律文化社、1975年、42頁）。
23) 二宮厚美著『公共性と民間委託―保育・給食労働力の公共性と公務労働―』（自治体研究社、2000年、122頁）。
24) 高島進著『社会福祉の歴史』（ミネルヴァ書房、1994年、10頁）。
25) 高島、前掲書、11-12頁。
26) 高島、前掲書、16-17頁。
27) 高島、前掲書、26-31頁。
28) バースニ・Q・マジソン（光信隆夫・その他訳）『ソ連の社会福祉』（光生館、1974年）。
29) 1959年度版『厚生白書』、13頁。
30) 富沢、前掲書、75-76頁。
31) 「働き口をみつけることができず、資本の蓄積が必要とするのにくらべて『過剰』となった失業あるいは半失業の労働者のこと。資本主義のもとでは、生産力が増大するにつれて、資本の有機的構成が高まり、労働者をやとうための資本部分（可変資本）は絶対的には増大するが、生産手段を買い入れるための資本部分（不変資本）とくらべて相対的には少なくなる。すなわち、労働力にたいする需要が相対的に少なくなる。このことから、労働力の一部は資本の蓄積が必要とするのにくらべて相対的に過剰になり、相対的過剰人口がうまれる。……相対的過剰人口には、流動的・潜在的・停滞的過剰人口および極貧層がある。」（社会科学辞典編集委員会編、前掲書、191頁）流動的過剰人口は、「資本蓄積の過程で生産の縮小や新しい機械の導入などのため一時的に失業した労働者層のこと。」（社会科学辞典編集委員会編、前掲書、326頁）潜在的過剰人口は、「はっきり失業というかたちをとらず潜在化している。……かれらは、農業では一年のうちわずかの日数しか働けないし、工業でも働き口がみつからないので、農村でどうにかくらしている状態にある。」（社会科学辞典編集委員会編、前掲書、185頁）停滞的過剰人口は、「ふつうの労働者より就業は不規則・不安定であり、賃金はひじょうに低く、労働時間は長い。」（社会科学辞典編集委員会編、前掲書、221頁）極貧層は、「相対的過剰人口の最下層で、『公的扶助』を必要とする長期の失業者、孤児、零落者、労働能力喪失者、ルンペン・プロレタリアートなどからなる。」（社会科学辞典編集委員会編、前掲書、92頁）
32) 宮川実著『マルクス経済学辞典』（青木書店、1965年、190頁）。
33) 社会科学辞典編集委員会編、前掲書、92頁。
34) フリードリヒ・エンゲルス（全集刊行委員会訳）『イギリスにおける労働者階級の状態』（大月書店、1981年、9頁）。

35) 孝橋正一著『全訂社会事業の基本問題』（ミネルヴァ書房、1993年、165頁）。
36) 有田光男著『公共性と公務労働の探求』（白石書店、1993年、165頁）。
37) 有田、前掲書、165頁。
38) 本稿では援助と支援の意味の違いを考慮して、支援の言葉を使用する。つまり、障害ある人（福祉利用者）を物事の中心に据えたとき、「援助」という概念には、援助者側からの一方的で上から障害のある人を見下す上下関係としての「たすけ（援け、助け）」の構造がある。一方、「支援」という概念には、障害のある人の意思を尊重し支え、その上で協力を行うという、障害のある人主体の考え方が内在している。Bill, Were., 河東田博・その他訳『ピープル・ファースト:支援者のための手引き』（現代書館、1996年、92頁）。
39) 岡村重夫著『社会福祉原論』（全国社会福祉協議会、1983年、6頁）。
40) 右田紀久恵・その他編『社会福祉の歴史』（有斐閣、1982年、24頁）。
41) 池田敬正著『日本社会福祉史』（法律文化社、1986年、45-430頁）。
42) マルクス＝エンゲルスは、国家について次のように述べている。「国家という形態において支配階級の人々は彼らの共通の利益を押し立て、そしてこの時代の全市民社会はその形態のなかでまとまるものである以上、あらゆる共通の制度は国家の手を介してとりきめられ、何らかの政治的な形態をもたせられることになる。法（『国家意志』の愚見たる―引用者）というものが、あたかも意志、しかもそれの現実的土台からもぎはなされた、自由な意志にもとづきでもするかのような幻想はそこからくる」（マルクス＝エンゲルス., 真下信一訳、前掲書、118頁）つまり、現象上は一般的にあたかも超階級的「公共的」的であるかの如き外観をとるが、土台（生産諸関係の総体）に規定された階級国家である。その意味で、国家は総資本が社会福祉の価値・剰余価値を支配し享受していく事を促進する。
43) 社会福祉辞典編集委員会編『社会福祉辞典』（大月書店、2002年、237頁）。
44) 真田是「社会福祉の対象」（一番ケ瀬康子・その他編『社会福祉論』有斐閣、1968年、45頁）
45) 共同作業所全国連絡会編『実践・経営・運動の新たな創造を目指して』（1984年、8-9頁）。
46) 炭谷茂編『社会福祉基礎構造改革の視座』（ぎょうせい、2002年、10頁）。
47) 小松隆二著『公益学のすすめ』（慶応義塾大学出版、2000年、76頁）。
48) 日本弁護士連合会高齢者・障害者の権利に関する委員会編『契約型福祉社会と権利擁護のあり方を考える』（あけび書房、2002年、108頁）。
49) 炭谷、前掲書、107頁。
50) 福祉行政法令研究会著『障害者総合支援法がよ～くわかる本』（株式会社　秀和システム、2012年、26頁）。
51) 小松、前掲書、161-162頁。

52) 加藤薗子「社会福祉政策と福祉労働」（植田章・その他編『社会福祉労働の専門性と現実』かもがわ出版、2002年、27-28頁）
53) 加藤、前掲書、27-28頁。
54) 炭谷、前掲書、107頁。
55) 伊藤周平著『社会福祉のゆくえを読む』（大月書店、2003年、36頁）。
56) 伊藤、前掲書、37頁。
57) 伊藤、前掲書、41-43頁、137頁。
58) 伊藤、前掲書、136-137頁。
59) 梅原英治「財政危機の原因と、打開策としての福祉国家型財政」（二宮厚美・福祉国家構想研究会編『福祉国家型財政への転換』大月書店、2013年、129頁）。
60) 梅原、前掲書、129-131頁。
61) 梅原、前掲書、131頁。
62) 宮川、前掲書、299頁。
63) 不破哲三『マルクスは生きている』（平凡社、20001年、155頁）。
64) 生産手段の社会化は、「労働者の側が企業を管理し運営していくことであるといえる。最終的に何らかの形態で生産手段を『自分のもの』にすることが管理・運営権を真に保障するものであるが、この権利を獲得することが生産手の社会化のもっとも重要な部分である。」（聽濤弘著『マルクス主義と福祉国家』大月書店、2012年、150頁）
65) 聽濤、前掲書、198-199頁。
66) 聽濤、前掲書、149頁。
67) 梅原、前掲書、140頁。
68) 梅原、前掲書、140頁。
69) 梅原、前掲書、140-141頁。
70) 梅原、前掲書、141頁。
71) 日本弁護士連合会高齢者・障害者の権利に関する委員会編、前掲書、33頁。
72) 河野正輝「生存権理念の歴史的展開と社会保障・社会福祉」（社会保障・社会福祉大事典刊行委員会編『社会保障・社会福祉大事典』旬報社、2004年、482-486頁）
73) 橋本佳博・その他『障害をもつ人たちの憲法学習』（かもがわ出版、1997年、42頁）。
74) 二宮厚美『発達保障と教育・福祉労働』（全国障害者問題研究会出版部、2005年、96頁）。
75) 二宮、前掲書、96頁。
76) 二宮、前掲書、96頁。
77) 二宮、前掲書、96頁。
78) 神野直彦「三つの福祉政府と公的負担」（神野直彦・その他編『福祉政府への提言』岩波書店、1999年、296—301頁）　地方税を拡充する事への反対論には、地方税を拡充すれば、財政力の地域間格差が拡大すると言う点にある。しかし、個人住民税の比例税率化で国税から地方税に税源移譲を実施すれば、国税と地方税とを合わせた税負担には

変化がないけれでも、地方税だけを見ると、低額所得者は増税となり、高額所得者は減税となる。そうだとすれば、低額所得者が多く居住する貧しい地方の地方税収入がより多く増加し、高額所得者が多く居住する豊かな地方の地方税収がより少なく増加することになる。したがって、地方自治体間の財政力格差をむしろ是正しつつ、自主財源である地方税の拡充が可能なのである（神野、前掲書、298頁）。

79) 神野、前掲書、301頁。
80) 富沢、前掲書、86頁。
81) 富沢、前掲書、89頁。
82) 富沢、前掲書、89頁。
83) 富沢、前掲書、83頁。
84) 社会福祉辞典編集委員会編、前掲辞典、237頁。
85) 社会福祉辞典編集委員会編、前掲辞典、237-238頁。

●著者紹介
竹原　健二（たけはら　けんじ）

社会福祉研究者　1950年鹿児島県生まれ
著書
『障害者福祉の基礎知識』（筒井書房、単著）、『障害者の労働保障論』（擢歌書房、単著）『障害者福祉の理論的展開』（小林出版、単著）、『社会福祉の基本問題』（相川書房、単著）、『現代福祉学の展開』（草文社、単著）、『障害者問題と社会保障論』（法律文化社、単著）、『社会福祉の基本問題』（相川書房、単著）、『障害のある人の社会福祉学』（学文社、単著）、『保育原理』（法律文化社、編著）『福祉実践の理論』（小林出版、編著）、『現代の社会福祉学』（小林出版、編著）、『現代地域福祉学』（学文社、編著）、『現代の障害者福祉学』（小林出版、編著）、『現代の社会福祉学』（小林出版、編著）、『現代障害者福祉学Ｊ（学文社、編著）、『介護と福祉システムの転換』（未来社、共著）、『現代社会福祉学』（学文社、編著）『障害のある人の社会福祉学原論』（メディア・ケアプラス、単著）、『社会福祉学の探求』（小林出版、単著）、『社会福祉学の科学方法論』（本の泉社、単著）、『障害のある人の開発（自立（自律）のための社会福祉）』（本の泉社、単著）、『子どもの開発と子どもの貧困』（本の泉社、単著）、『高齢者の開発と介護福祉』（本の泉社、単著）

翻訳
スーザン・キャンドラー「社会政策とアメリカの福祉国家」（西日本短期大学法学会編『大憲論叢』第33巻合併号上・下）
Devine.Edward T『Social Work』（社会福祉研究センター編『草の根福祉』第42号、第43号、第44号、第45号、第46号、序文、目次、第1―第19章、雅号：Roman BRILLIANT）

竹原健二・人間開発シリーズⅣ
福祉利用者の開発と社会福祉

2018年9月13日　初版 第1刷 発行

著　者　竹原　健二
発行者　新舩　海三郎
発行所　株式会社 本の泉社
〒113-0033　東京都文京区本郷 2-25-6
TEL：03-5800-8494　FAX：03-5800-5353
http://www.honnoizumi.co.jp
印刷　日本ハイコム株式会社　／　製本　株式会社村上製本所

ⓒ 2018 , Kenji TAKEHARA　Printed in Japan
ISBN 978-4-7807-1907-9　C0036

※落丁本・乱丁本は小社でお取り替えいたします。定価はカバーに表示してあります。
　本書を無断で複写複製することはご遠慮ください。